DES FINANCES

DE LA FRANCE,

OU

DES BUDGETS DE 1816,

ET DES ANNÉES SUIVANTES;

Avec des Observations préliminaires sur l'Opinion d'un Membre de la Commission du Budget de 1817.

Par M. LAFFON-DE-LADÉBAT.

PARIS,

DE L'IMPRIMERIE D'ANT. BAILLEUL,

RUE SAINTE-ANNE, N°. 71.

1816.

OBSERVATIONS

PRÉLIMINAIRES.

LE système de finances que je publie a été rédigé pendant les débats de la Chambre des Députés sur le budget de 1816. Ce plan a été soumis à SA MAJESTÉ au mois d'avril dernier. Le Ministre des finances l'a ensuite examiné, et S. Exc. en a autorisé la publication. J'ai cru cependant devoir attendre la nouvelle session des Chambres ; je voulais réunir des données plus précises sur quelques élémens de mon travail et sur l'exécution de la loi du 28 avril dans le cours de 1816.

Les circonstances ont changé.

L'ordonnance du Roi du 5 septembre a mis un terme à nos balancemens politiques ; elle a raffermi la base de notre état social : toutes les parties de l'administration vont maintenant reposer sur cette base sacrée ; aucun système ne peut être adopté, s'il n'est pas entièrement coordonné avec elle. Le vague des opinions doit cesser ; les exagérations seraient criminelles ; tous les intérêts particuliers doivent enfin s'unir à l'intérêt de la patrie. Cet intérêt m'animait seul, quand j'ai tracé le plan que j'ai présenté. Je le publie tel qu'il est déposé au ministère des finances, en rectifiant seulement quelques erreurs de calcul dans le tableau d'amortissement de la dette publique.

Un des membres de la commission du budget de 1817 a fait imprimer son opinion particulière sur les moyens de rétablir l'état de nos finances. Ses lumières, son expérience, la considération et le crédit mérités dont il jouit, donneront un grand poids à son système. Son travail présente d'ailleurs des données sur lesquelles on doit compter, puisqu'il a pu les recueillir et les vérifier dans les bureaux mêmes du ministère des finances.

Je dois donc, en publiant mon plan tel qu'il était rédigé il y a six mois, examiner les différences qui se trouvent entre l'état de nos finances tel que je l'évaluais alors, et celui que cette opinion présente. Je dois examiner ensuite les moyens de liquidation, de service, de crédit et d'amortissement, que l'auteur propose, et les comparer à ceux dont j'ai développé l'action et la puissance.

C'est ainsi que les hommes éclairés, qui, dans les deux Chambres et dans les Conseils de SA MAJESTÉ, vont être appelés à la discussion de ces importantes questions sur notre économie politique, pourront fixer leur opinion.

D'ailleurs, des considérations générales sur l'état des récoltes, du travail, des manufactures, du crédit et du commerce dans presque tous les États de l'Europe, doivent nécessairement influer sur le système de nos finances.

Tels sont les objets des observations préliminaires que je vais développer.

I. *Etat réel de nos finances.*

1°. L'auteur de l'opinion que je compare avec mon plan, annonce d'abord qu'il y aura un déficit considérable en 1816, et un plus considérable en 1817, puisque les recettes seront réduites de 109,000,000, et les dépenses accrues de 70,000,000.

Il évalue les recettes présumées de 1817 à.   700,000,000 f.

Les dépenses ordinaires à . . 590,000,000
Les dépenses extraordinaires. 310,000,000   }   900,000,000

Déficit.   200,000,000

Ce déficit pour quatre années s'élève ainsi à   800,000,000

L'arriéré dont le paiement doit être déter-
miné en 1820, n'est évalué qu'à.   500,000,000

                                      1,300,000,000

L'excédant des recettes sur les dépenses
ordinaires est évalué, comme on le voit, à
110,000,000, et pour 4 ans, à   440,000,000

Cet excédant est appliqué aux dépenses
extraordinaires.

              Ensemble. 1,740,000,000

Telle est l'évaluation donnée, dans ce système, aux dépenses
extraordinaires réunies au montant de l'arriéré. L'auteur de
ce plan espère qu'on pourra réduire les 1,300,000,000 à
1,000,000,000.

Il fixe la dette consolidée, à la fin de 1816, à 87,000,000 de
rentes perpétuelles.

Il établit, d'ailleurs, comme un fait incontestable, que la loi
du 28 avril a atteint les dernières limites possibles de nos
charges pour le moment actuel. ,

2°. Les élémens d'après lesquels j'avais
calculé en avril dernier la dette arriérée et
nos engagemens envers les puissances étrangères, ou la totalité de la dette flottante échue
ou à terme, l'élevaient à.   2,373,595,951

Les liquidations déjà faites alors, ou qui
devaient s'opérer dans le cours de 1816, suivant les budgets Nos. I et II, et le tableau
N°. VI, s'élevaient à.   951,857,000

    La dette flottante en 1817 eût été de. . . 1,421,738,951

Mais le paiement ou la consolidation, en
1816, de 219,500,000 n'ayant pas eu lieu,
puisque les rentes constituées au 1er. janvier

D'autre part.   1,421,738,951

1817, ne sont évaluées qu'à 87,000,000, il
faut ajouter cette somme à la dette flottante
actuelle.   219,500,000

On n'évalue point le déficit de 1816 sur les
recettes, dans l'opinion que j'examine; je le
porte par approximation à.   100,000,000

TOTAL de la dette flottante au 1er. janv. 1817.   1,741,238,951

Il n'y aurait donc qu'une différence de 1,238,951 f. entre cette
évaluation de la dette flottante, et celle qui résulte de l'opinion
que j'examine. Cette parité, presque entière, de résultats, justifie
l'exactitude des données sur lesquelles mes calculs sont établis.

Si, comme le suppose le membre de la Commission du budget,
on peut obtenir une réduction de 300,000,000 sur la masse
de nos engagemens, cette réduction aurait lieu dans mon
système comme dans le sien ; mais je ne crois pas devoir la
faire entrer dans mes calculs. Je crois prudent de porter la
dette au *maximum*, jusqu'à ce qu'elle ait été plus exactement
et définitivement fixée. Toutes les réductions qu'on obtiendra,
rendront ensuite les moyens de libération, d'amortissement,
de crédit, de travaux utiles, plus accélérés et plus puissans ;
ils affermiront d'autant plus l'action du gouvernement et la
prospérité du peuple.

Quant à la dette constituée, nos calculs sont d'accord : je
l'ai portée aussi à 87,000,000 f., et avec les pensions et les
rentes viagères à 125,500,000 f.; et elle ne doit pas excéder
cette somme au 1er. janvier 1817. *Voyez* les budgets de 1816
et de 1817. Nos. I, II et III.

Dans l'opinion que je compare à mon système, on évalue
les recettes ordinaires à 700,000,000 en 1817 ; je les porte à
774,000,000. — On porte les dépenses ordinaires à 590,000,000;
je ne les porte qu'à 568,732,000. Si les nouvelles évaluations

qu'on présente sont exactes, il y aurait dans mon système un déficit considérable; mais encore alors mes moyens peuvent le couvrir.

Telles sont les bases sur lesquelles ont été établis nos différens calculs.

J'ai cru ne devoir rien changer à ceux que j'ai présentés en avril dernier, jusqu'à ce que le rapport du ministre des finances ait de nouveau établi la situation du trésor royal, et les états de la dette et du revenu public. Alors de simples budgets, calculés dans mon système, présenteront l'action de mes moyens et leur application.

Il faut maintenant comparer ces moyens avec ceux qui sont indiqués dans l'opinion d'un des membres de la Commission du budget.

II. *Parallèle des moyens proposés par l'auteur de l'Opinion d'un membre de la Commission du budget, avec ceux que j'indique dans le système que je publie.*

1°. L'AUTEUR DU SYSTÈME sur nos finances propose:

1°. De déclarer que les créances de l'arriéré seront immédiatement remboursées en capitaux et intérêts;

2°. Qu'à l'avenir il n'y aura plus d'arriéré, et que les créanciers de l'année écoulée seront les premiers remboursés, parce que leur droit les place en première ligne dans les dépenses de l'année qui précède;

3°. *Qu'on proclame comme principe incontestable, qu'une promesse donnée est sacrée et inviolable, et que la loi* ne peut changer, au préjudice du tiers, ce que la loi a consacré;

4°. *D'adopter un système de finances constant, régulier, qui manifeste à tous l'évidence, et les moyens de maintenir tous les engagemens contractés;*

5°. *D'appuyer ce système par la vente annuelle, pendant quatre années seulement, d'une portion de forêts dont le produit sera destiné à faire un fonds d'amortissement proportionné à la dette nouvelle qu'il faut contracter ;*

6°. *D'affecter un fonds spécial au paiement de la dette publique, et de charger une administration indépendante du trésor, de l'administration et du service de ce fonds ;*

7°. *De relever enfin, par des moyens prompts et sûrs, la valeur des propriétés nationales, et de recréer ainsi, dans les mains d'une grande partie des propriétaires de France, des capitaux qui vont dépérissant chaque jour.*

L'auteur limite ensuite l'objet du plan de finances à adopter, aux moyens de faire face aux dépenses extraordinaires de 1817 et des trois années suivantes. Le plan qu'il propose consiste :

1°. Pour la liquidation de l'arriéré, à délivrer des reconnaissances au porteur, à 5 p. ½ d'intérêt, à compter de l'époque fixée par la loi du 28 avril dernier, payable par semestre, et les reconnaissances remboursables par cinquième, d'année en année, à compter du 22 mars 1822 au 22 mars 1826. Ce remboursement s'opérerait en inscriptions au grand-livre, au cours du semestre précédent. Au cours moyen de 80 fr., cette opération exigerait une création de rentes de 18,750,000 fr.

2°. Pour remplir les autres engagemens de l'Etat, il propose un emprunt de 700,000,000 ; savoir :

$$200,000,000 \text{ en } 1817 ;$$
$$200,000,000 \text{ en } 1818 ;$$
$$150,000,000 \text{ en } 1819 ;$$
$$150,000,000 \text{ en } 1820.$$

$$\overline{700,000,000.}$$

Ces emprunts sont calculés sur une émission successive de rentes, en supposant une amélioration graduelle de leur cours de 56,750,000 fr.

3º. De fermer le grand-livre, tel qu'il se trouvera à la fin de 1816.

4º. De délivrer des inscriptions provisoires pour les quatre emprunts proposés. Ces inscriptions seraient rendues définitives par cinquième, au cours du semestre précédent, à compter du 22 mars 1822, pour celles de 1817, et ainsi successivement. Ces reconnaissances pour chaque emprunt seraient divisées en cinq séries, dont le sort déterminerait l'ordre de consolidation intégrale et définitive. L'intérêt de ces reconnaissances provisoires serait payé par semestre, à 5 p. $\frac{0}{0}$. l'an, et une prime de 1 p. $\frac{0}{0}$ serait réservée aux deux dernières des séries de chaque emprunt.

5º. De porter le fonds primitif d'amortissement à 20,000,000, et d'y ajouter 10,000,000 par années successives, de 1817 à 1820; ce qui l'éleverait à 60,000,000, et amortirait au cours commun supposé de 70, 102,918,000 fr. de 1817 à 1831.

6º. La vente de 30,000,000 de forêts nationales pendant quatre ans; ensemble, 120,000,000.

20,000,000 du produit de cette vente seraient affectés aux intérêts des emprunts, et 10,000,000 au rachat du capital.

7º. De charger la banque de France de l'administration et du service des fonds spéciaux, qui seraient affectés au paiement des intérêts de la dette consolidée, et de donner ainsi aux propriétaires des rentes sur l'État la garantie de la banque, et à la banque la garantie d'une loi solennelle.

Ce plan, dont toutes les parties se lient et se renforcent, présente assez d'avantages, au prix commun des fonds en Europe, pour croire que les emprunts sur lesquels il repose, pourront s'effectuer avec facilité.

Cette considération, qui paraît être l'idée dominante de ce plan, quelque influente qu'elle puisse être, suffit-elle pour le faire adopter? Voilà la question importante sur laquelle la

b

Commission du budget se sera sans doute prononcée ; voilà la question qu'auront à examiner les deux Chambres, si ce plan leur est soumis.

Il est donc nécessaire de présenter les objections qu'on peut lui opposer.

1°. Le paiement de l'arriéré en bons au porteur, à 5 p. %, qui ne pourront être constitués qu'après cinq ans, et ensuite dans le cours de cinq années, porte à dix ans les derniers remboursemens effectifs. Aucun fonds n'est affecté pour soutenir la circulation de ces bons. Il est donc à craindre qu'ils n'éprouvent un très-grand discrédit, et que le remboursement, annoncé comme intégral, ne cause aux créanciers qui ont les besoins les plus pressans, aux familles les plus malheureuses, une perte de 3o, 4o et jusqu'à 5o p. %.

2°. Ce système nécessite une création de rentes de 75,5oo,ooo francs.

3°. Il met sur la place, dans l'espace de cinq années, plus de 1,4oo,ooo,ooo de valeurs à consolider, poids immense contre l'influence du fonds d'amortissement.

4°. Il exige une vente de 12o,ooo,ooo fr. de forêts, au moment où les propriétés nationales sont encore dans un grand discrédit.

5°. Les emprunts de 1817 et de 1818 paraissent très-coûteux.

6°. Dans ce système, les intérêts à payer jusqu'à la consolidation définitive, éleveraient les dépenses annuelles, en y comprenant les 1o,ooo,ooo de fonds d'amortissement :

En 1817, de   45,ooo,ooo fr.
En 1818, de   71,666,ooo
En 1819, de   97,175,ooo
En 182o, de 106,655,ooo

───────────────
320,496,ooo

7°. Le plan d'amortissement exige un emploi de fonds trop rapide dans les premières années, déjà surchargées par nos engagemens envers les puissances alliées.

8°. Rien ne garantit les réductions qu'on suppose pouvoir obtenir sur le total de la dette flottante ; et si ces réductions ne s'effectuent pas, les moyens proposés seront insuffisans; il y aura 3oo,ooo,ooo de déficit de plus. Cette incertitude seule doit nuire à l'exécution de ce plan.

9°. En dernière analyse, ce système pour liquider ou consolider 1,000,000,000 de dette flottante, exige un emploi de plus de 2,000,000,000 de valeurs consolidées, ou affectées savoir :

75,5oo,ooo f. de rentes constituées. . . 1,55o,ooo,ooo f.

Vente de forêts. , ... 12o,ooo,ooo

Excédant des recettes ordinaires pendant quatre ans 44o,ooo,ooo

                              2,11o,ooo,ooo f.

Le moyens que j'ai proposés sont,

1°. La création de 4oo,ooo,ooo de bons au porteur, avec intérêt à 5 p. §, semblables aux bons au porteur actuellement en émission ;

2°. La création de 4oo,ooo,ooo de bons hypothéqués sur les forêts de l'Etat, et par des prêts successifs sur des propriétés particulières ; ces bons portant 4 p. § d'intérêt payable par semestre, et 1 p. § de primes distribuées par semestre et par la voie du sort ;

3°. Deux emprunts successifs, en 1817 et 1818, de 8o,ooo,ooo chacun.

4°. J'élève la dette consolidée de 1816 à 1821 de 125,5oo,ooo à 155,500,000 f. , en y comprenant les pensions et les rentes viagères ; 3o,ooo,ooo de plus seulement.

5°. Je ne propose d'accroître le fonds d'amortissement que de 5o,ooo,ooo par an ; ce qui le porte à 195,000,000 en 1821, et à 221,937,961 f. avec les intérêts annuels cumulés.

6°. J'ai calculé le tableau de l'amortissement successif au prix très-élevé de 80 f. ou à 6 ¼. Je ne l'ai calculé que par année, et j'ai démontré qu'en 1832 les rachats s'élèveraient à 95,279,903 f. : ainsi, la dette consolidée, indépendamment des pensions et des rentes viagères, évaluée aujourd'hui à 87,000,000 et portée par la nouvelle consolidation à 117,000,000, ne serait plus alors que de 21,720,099 f. Si le calcul était établi au cours commun de 70 f. , l'amortissement à la même époque serait de 115,815,291. (*Voyez Pièce n°.* IX.)

7°. J'ai proposé de donner aux bons hypothécaires tous les caractères du meilleur mobile de circulation, et j'ai indiqué les moyens de soutenir l'activité de cette circulation, sans aliéner les domaines affectés à leur garantie.

8°. J'ai pensé enfin que la banque de France pourrait être chargée d'une partie du service public, et concourir ainsi à l'affermissement du crédit de l'Etat.

Je ne me suis pas dissimulé les objections qui s'élèveraient contre mon système ; je les ai même recherchées. L'évidence des calculs, la vérité des faits, la certitude des principes doivent seules être consultées.

1°. On attaquera la base essentielle de mon plan : cette base est la création de 400,000,000 en bons sur les domaines de l'Etat.

Je ne sais si mon système a été mis sous les yeux de la Commission du budget ; mais celui des membres de cette Commission, qui a fait imprimer son opinion, se prononce lui-même contre cette partie fondamentale de mon projet. C'est ce motif qui m'a particulièrement déterminé à le publier avant même les débats de la Chambre. Il ne faut pas que dans des questions aussi importantes pour le salut de l'Etat, de simples assertions écartent un examen nécessaire, et prolongent encore l'influence des préjugés.

Ecartons d'abord, dit l'auteur de l'opinion que je crois devoir combattre ici, *écartons toute idée de papier-monnaie,* DE CÉDULES HYPOTHÉCAIRES *et d'emprunts forcés ; remèdes plus dangereux que le mal, qu'ils augmentent, qu'ils ne peuvent guérir, et qu'une funeste expérience aurait dû proscrire à jamais.*

Voilà l'objection exprimée de la manière la plus tranchante et dans toute sa force.

J'écarte aussi, moi, le papier-monnaie sans base et sans garantie entière, qui n'a jamais été et ne serait encore qu'une violation audacieuse de la foi publique ; j'écarte les emprunts forcés, qui ne sont que des impôts arbitrairement répartis, et que le danger imminent de l'Etat peut seul autoriser quelquefois. Mais pourquoi des cédules ou bons hypothécaires seraient-ils des remèdes plus dangereux que le mal ? Pourquoi confondre et frapper d'une égale proscription des moyens aussi essentiellement différens ?

Demandez aux capitalistes qui ont leurs fonds placés sur des obligations hypothécaires, si ces obligations ne leur donnent aucune sureté ; demandez aux hommes sages et industrieux qui, en empruntant sur leurs propriétés, ont accru leurs cultures, défriché des terres incultes, desséché des marais, fait de nouvelles plantations, établi des manufactures, fondé des établissemens qui prospèrent, si de pareils emprunts sont sans utilité ; informez-vous, dans les Etats du roi de Prusse, si des bons hypothécaires sont des remèdes plus dangereux que les pertes dont la guerre les avait accablés ; prenez des informations en Ecosse, et on vous dira que c'est sur des sûretés hypothécaires que sont fondées plusieurs des banques particulières qui y sont en activité, et dont l'action salutaire a doublé la richesse et la prospérité de cette nation si estimable, si active et si éclairée.

Mais, dira-t-on, voyez les essais malheureux qu'a faits la France; rappelons-nous nos fatales expériences, le système de Law, celui des assignats, le sort d'autres établissemens particuliers fondés sur des garanties hypothécaires. Mais est-ce de bonne foi qu'on peut comparer le système de Law, celui des assignats, celui des établissemens publics ou particuliers que la mauvaise foi, la folie, l'infidélité, l'anarchie ou le despotisme ont renversés, avec un système hypothécaire, régulier, entouré de garanties certaines et spéciales, soutenu par la sagesse et la puissance d'un gouvernement légitime?

Si l'on m'oppose que le gouvernement peut abuser d'un pareil moyen de circulation, je répondrai que cette supposition frappe également tous les systêmes de finances. — Où serait donc la garantie des emprunts, des bons au porteur, des reconnaissances provisoires, du fonds d'amortissement, des promesses de consolidation qu'on propose, si le gouvernement abusait de la foi publique et du respect dû à ses engagemens?

Ne faisons pas d'exception pour nos systêmes seuls, et n'alarmons pas l'opinion, pour écarter ceux qu'on présente. Examinons nos moyens avec le calme de la raison et de la confiance; sortons enfin de ce chaos d'opinions et de faux principes, où nous avons été si long-temps et si malheureusement plongés, honorons-nous par le dévouement et la foi que nous devons à un gouvernement constitutionnel et légitime.

J'ai rappelé quelles étaient les bases du crédit public; je l'ai dit, ce sont les bases mêmes de l'ordre social. — Que toutes nos institutions soient aujourd'hui fondées sur ces bases sacrées! Trop de malheurs punissent les nations qui les laissent ébranler.

Je demande, comme l'auteur de l'opinion que je combats

ici, qu'on maintienne pour principe incontestable, *qu'une promesse donnée est sacrée et inviolable, et que la loi ne peut changer, au préjudice du tiers, ce que la loi a consacré.* Alors le systême de crédit hypothécaire ne présentera plus aucun danger :
c'est le système le plus convenable aux nations riches en propriétés territoriales ; c'est celui qui convient essentiellement
aujourd'hui à la France.

Et cependant je redoute moi-même la force des préjugés et
leur tyrannique empire sur l'opinion. C'est avec regret que je
les vois proclamer encore par des hommes qui devraient les
combattre ; mais l'intime conviction où je suis, la force des
motifs qui la déterminent, l'intérêt de la patrie, m'imposent
également la loi de défendre cette partie du système que j'ai
proposé, et d'en soumettre l'examen à la raison et aux lumières
de tous les hommes dévoués au Monarque et à l'État.

C'est la faiblesse, l'insuffisance, l'impuissance des moyens employés en France et chez quelques autres nations, dans l'administration de leurs finances, qui en a multiplié les embarras
et les désordres. Il nous faut des moyens puissans, et qui, relativement à notre position, nous mettent à la hauteur de ceux
avec lesquels l'Angleterre a affermi sa puissance, étendu son
commerce et la civilisation sur le globe, et soutenu l'Europe
contre l'anarchie et le despotisme, qui l'ont successivement et
tout entière ébranlée.

Voilà les grandes considérations dont il est important de se
pénétrer, pour nous rendre cette stabilité d'existence politique,
qui seule peut donner à notre caractère national la dignité qu'il
doit avoir, et ranimer les sources fécondes de notre prospérité.

2°. On pourra élever d'autres objections contre les parties accessoires de mon système ; mais, je l'ai déjà dit, il serait inutile d'entrer dans cette discussion, jusqu'à ce que le rapport
qui sera présenté à la Chambre des Députés, ait fixé d'une
manière plus précise les états de notre dette non constituée,

et de nos recettes et de nos dépenses. Il faut porter ses vues au-delà du poids de nos engagemens actuels; il faut réunir tous les élémens nécessaires, pour calculer avec certitude le meilleur système de contributions et de dépenses publiques à adopter, pour développer notre culture, notre industrie, nos rapports commerciaux, pour assurer notre repos politique, notre prospérité intérieure.

Le plan d'amortissement que j'ai présenté exige moins de fonds du trésor royal pendant les dix premières années, que celui qui est proposé dans l'opinion que j'ai analysée; mais sa puissance devient ensuite plus grande et plus rapide (1).

On a vu que l'exécution de mon plan n'exige la vente d'aucune partie des domaines de l'État. Ce n'est pas que je considère ces domaines comme inaliénables; mais dans ce moment, lorsque, par des craintes exagérées ou par d'autres motifs, on a ébranlé la confiance des acquéreurs de biens nationaux, porté atteinte à la richesse publique, et inquiété des milliers de familles paisibles et laborieuses, il serait impolitique de procéder à de nouvelles ventes, et d'affaiblir ainsi la valeur des biens déjà vendus (2).

On conclura facilement de ces observations que la différence la plus importante entre les deux systêmes que j'ai comparés, est la création des 400,000,000 de bons hypothécaires que je demande. Je crois l'emploi de ce moyen plus urgent que jamais; il peut se combiner avec tous les plans de finances, calculés, d'après les principes de l'ordre et de la justice, sur des données certaines. Les circonstances nous pressent.

1°. Il ne s'agit pas seulement de pourvoir aux dépenses de l'État; mais il s'agit de rétablir le crédit, de rendre la circulation des capitaux plus rapide. Ainsi, ce ne sont pas les fonds rigoureusement nécessaires au service du trésor royal, qu'il suffit d'assurer; il faut que le trésor de l'État, réunissant tous les moyens

(1) Voyez les notes additionnelles, page 44.

qui peuvent influer sur la confiance et le crédit, soit le centre toujours actif de cette action salutaire qui porte les capitaux partout où le travail, l'industrie, le commerce, les appellent; il faut que le gouvernement puisse favoriser tous les établissemens utiles, qui préparent le bonheur des familles, qui leur assurent des secours pour l'avenir (3), qui influent sur les mœurs publiques.

Le crédit hypothécaire, plus que tout autre, peut assurer et multiplier tous ces moyens de richesses et de prospérité.

III. *Considérations générales.*

Quel que soit le système de finances que nous adoptions, son succès sera incertain, et le crédit public sera chancelant tout le temps que nos institutions n'auront pas la stabilité que la volonté du souverain veut leur garantir. On ne peut trop le répéter, il est temps que les intérêts particuliers se taisent, en présence de l'intérêt sacré du monarque et de la patrie; il est temps que ces divisions d'opinion, que ces irritations de l'orgueil et du malheur, que ces arrière-pensées qui tendraient à exciter de nouveaux troubles, dont ceux qui les causeraient seraient les premières victimes, cessent enfin; il est temps que cet égoïsme d'ambition, qui divise encore le corps social; et qui souvent couvre sa marche sous le voile d'une hypocrisie religieuse, ou sous les fausses couleurs d'une fidélité exaltée, ne nous agite plus. C'est la volonté éclairée et bienfaisante du Père de la patrie qui doit tous nous réunir; ce sont les accens de cette volonté sacrée, qui semblent être pour nous ceux de la Providence elle-même, qui doivent être répétés partout, dans nos villes comme dans nos champs. Magistrats du peuple, animez autour de vous cette influence heureuse du pouvoir, de la bienfaisance et de la vertu!

La perte d'une partie de nos récoltes, la stagnation qu'éprouvent encore l'industrie et le commerce, accroîtront sans doute nos besoins ; mais notre activité et nos ressources sont immenses : développons-les avec courage et constance.

Ce n'est pas dans les limites étroites et fugitives d'un petit nombre d'années que nous devons borner nos vues. La vraie science des finances n'est pas celle de pourvoir seulement au moment actuel ; elle doit s'étendre sur les années qui se succéderont ; songeons à la patrie, songeons à nos enfans plus qu'à nous-mêmes : c'est ainsi que nous jouirons du bonheur que nous préparerons. Il semble que le Ciel veut que ce sentiment efface nos erreurs et les traces déplorables de nos longs malheurs.

Le calme semble renaître enfin sur cette Europe, si long-temps et si cruellement agitée.

Cependant les passions se tourmentent encore. Ce sont des hommes bien coupables, que ceux qui cherchent à multiplier les embarras des gouvernemens, dont l'objet, l'intérêt et le devoir sont maintenant d'affermir la paix, de multiplier le travail, d'animer la culture, le commerce et les arts.

Il est de l'intérêt de toutes les nations d'opposer une digue insurmontable à ces factions anti-sociales, pour lesquelles rien n'est sacré. Elles parlent de liberté, et elles aiguisent les poignards de l'anarchie et du crime ; elles forgent les chaînes de la tyrannie.

Le repos des nations de l'Europe, le calme de la paix, peuvent seuls multiplier les consommations, les ventes et les achats des produits de leur industrie, ranimer et rendre plus rapide la circulation des capitaux, et féconder ainsi toutes les sources de leurs richesses et de leur prospérité. C'est la guerre, et les fléaux qu'elle entraîne avec elle, qui rompent cet équilibre salutaire des besoins et des travaux, qui, en multipliant les rapports et les communications des peuples, accroît la prospérité de tous ; c'est la guerre qui, en appliquant le travail et en attachant la fortune et la gloire aux arts destructeurs, déplace les hommes, les enlève à la culture, à l'industrie, au commerce, et laisse ensuite, après ses ravages déplorables, de nombreuses classes d'ouvriers, d'artistes, de manufacturiers, d'entrepreneurs sans travaux et sans ressources; c'est elle qui démoralise les peuples, les opinions et les gouvernemens, qu'elle maîtrise et qu'elle égare; c'est elle qui accumule les dettes publiques, et qui accable des millions de familles sous le poids de l'indigence et du malheur.

La paix ne peut à l'instant réparer tant de maux; mais son influence, bien dirigée, deviendra immense. Le sentiment même de nos malheurs, le besoin si actif de réparer nos pertes, accroîtront sa puissance; l'homme industrieux trouvera partout sa place; le travail utile sera toujours productif; les gouvernemens sentiront tous la nécessité de régler leurs dépenses, de les diriger de la manière la plus avantageuse à la prospérité de leurs États, de réduire le poids des impôts, de favoriser, de protéger, de créer tout ce qui peut concourir au bonheur des peuples.

Et au lieu de ces déclamations insensées, perfides ou séditieuses, de ces prétentions exagérées, qui voudraient faire reculer la civilisation et le temps, profitons des leçons de l'expérience et du malheur; portons nos pensées vers l'avenir, et ne soyons pas arrêtés par les difficultés du moment; surmontons-les par notre union et par notre courage; recueillons les débris de nos fortunes renversées; redoublons nos efforts, nos sacrifices, pour réparer et affermir toutes les parties de l'édifice social.

Des découvertes importantes honorent le dernier siècle. Les sciences exactes, celles d'observation, ont perfectionné les arts utiles: elles vont rapidement faciliter et multiplier les communications. Des départemens, autrefois presque isolés, ouvriront à notre industrie et à notre commerce intérieur de nouvelles sources de richesses à exploiter. Un champ immense s'ouvrira au commerce extérieur, lorsque tous les gouvernemens, mieux instruits de leurs vrais intérêts, renverseront ces barrières qui arrêtent les communications, et enchaînent l'industrie. Peut-être tous les gouvernemens de l'Europe sentiront-ils combien il est important pour eux que les troubles de l'Amérique s'apaisent; que ces vastes contrées, où la nature est si active et si féconde, se peuplent et se civilisent, et que le commerce y soit libre et protégé. Le christianisme et la civilisation s'étendent en Asie, en Afrique, sur tout le globe; et ils attestent les bienfaits de ces associations honorables, que l'ignorance, l'erreur, l'impiété, l'intolérance ou l'hypocrisie peuvent seules calomnier.

C'est dans les entreprises utiles à l'humanité, que la gloire militaire elle-même paraît chercher aujourd'hui ses plus brillans trophées (5). Les princes qui gouvernent l'Europe, se montrent pénétrés des devoirs que leur imposent les hautes fonctions que le Ciel leur a confiées. Une alliance mémorable, qui a pour objet le repos et le bonheur des peuples, *alliance vraiment sainte*, et unique dans les annales de la terre, signale ce nouveau siècle. Henri IV la préparait, lorsque le crime l'immola.

Puisse ce bel acte de la souveraineté des Rois affermir et étendre les progrès de la civilisation! La France n'a qu'à seconder aujourd'hui les intentions de son monarque, descendant de ce Henri, et qui, comme lui, ne règne que pour le bonheur de ses peuples.

Voilà quel doit être le but de nos efforts, de nos projets, de nos devoirs. Élançons-nous dans cette carrière d'émulation : elle est la plus noble de toutes; et au lieu de ces divisions intérieures (6), au lieu de ces préventions nationales, de ces haines insensées de peuple à peuple, profitons de notre expérience, de nos découvertes, de nos lumières, de nos travaux, de tous les moyens acquis par le génie et le temps; multiplions nos rapports, et jouissons des bienfaits que le Ciel accorde à la terre.

6 *Novembre* 1816.

DES FINANCES

DE LA FRANCE,

ou

DU BUDGET DE 1816,

ET DE CEUX DES ANNÉES SUIVANTES.

EN AVRIL 1816.

La situation de la France, l'indépendance et l'honneur de la nation exigent que la sagesse et la puissance des mesures qui seront adoptées pour nos finances, assurent toutes les parties du service public, et la foi due aux engagemens que le salut de la patrie a rendus sacrés.

D'aussi hautes considérations doivent déterminer tout Français, tout chef de famille, aux plus grands sacrifices.

Sondons avec courage nos plaies les plus profondes; elles sont grandes sans doute; mais nos moyens sont encore plus grands.

Le corps social est agité par une fermentation qu'il faut calmer; elle égarerait sur la route qu'il faut suivre, et où le salut commun nous commande de marcher.

Honorons-nous par un généreux dévouement, qui nous si-

1

gnale dans les annales des peuples, et qui répare les désastres de nos longs malheurs.

Voilà le but qui m'anime.

J'éviterai les discussions politiques inutiles; je n'invoquerai que des principes et des faits incontestables et nécessaires pour établir le système que j'ai à proposer.

Je présenterai d'abord quelques observations rapides sur les finances et sur le crédit; j'en développerai quelques-unes plus particulières sur notre situation actuelle; j'exposerai l'état de notre dette publique; je donnerai le tableau de nos dépenses, et ensuite celui de nos moyens; enfin, j'établirai les budgets sommaires de 1816 et des années suivantes, jusqu'au 31 décembre 1821, et le budget général de ces six années.

1°. *Observations sur les Finances et le Crédit.*

Les finances chez toutes les nations de la grande famille européenne sont une des bases les plus essentielles de leur puissance et de leur prospérité. On a multiplié les théories et les systêmes, et souvent on a oublié les principes simples et sacrés sur lesquels le crédit public doit reposer : *l'ordre, la fidélité* et *la justice*. Je n'examinerai pas toutes ces doctrines étranges et si diverses, qui tantôt sont celles de la corruption des mœurs et de la mauvaise foi, tantôt celles de l'ambition ou de l'ignorance qui aspirent à gouverner; d'autres fois celles de l'anarchie, celles de la tyrannie ou celles de l'aristocratie, qu'on voudrait rétablir, et qui enchaînerait le monarque et le peuple.

Les vrais intérêts du corps social, qui doivent toujours diriger le gouvernement et caractériser une nation, lorsque l'Etat est légitimement constitué, doivent être aussi le seul régulateur de la science des finances. Elle devient simple alors, et elle ne s'é-

gare pas dans le chaos des théories trompeuses, fausses, ab-
surdes ou perfides.

L'expérience des gouvernemens qui ont administré avec le
plus de succès les revenus et les dépenses des Etats, justifie,
jusqu'à l'évidence, les principes sur lesquels la science des
finances doit reposer. La civilisation en a hâté les progrès,
et la science des finances a puissamment concouru aux progrès de la civilisation. Ce n'est jamais qu'en violant les principes sacrés que j'ai rappelés , qu'on a arrêté sa marche,
renversé les autorités légitimes, précipité le peuple sous le
poignard de l'anarchie, et ensuite sous les fers de la tyrannie.
C'est ainsi qu'on ferait reculer les siècles, et qu'on replonge-
rait les peuples dans la superstition , la barbarie et l'esclavage.

La circulation rapide des capitaux dans toutes les parties
de l'Etat, pour animer partout le travail, l'industrie, et multiplier les produits de la culture, du commerce et des arts,
doit être l'objet essentiel de l'administration des finances.

Le temps et l'expérience ont indiqué les moyens d'y par-
venir. Le crédit est le plus puissant de tous.

Le crédit est la foi donnée aux promesses de paiement; plus
cette foi est respectée, plus elle est fidèlement remplie, plus
la matière du crédit, et les engagemens sur lesquels il repose,
s'étendent, et plus aussi les bienfaits de la circulation se mul-
tiplient.

*Ordre et fidélité, justice, activité et travail, moralité des peuples,
sagesse de leurs gouvernemens*, voilà les garanties du crédit. Le
crédit concourt à lier tous les membres du corps politique;
de toutes nos institutions, c'est une des plus importantes : elle
est établie sur les principes mêmes de l'ordre social, dont elle
affermit et développe l'union et la puissance.

A l'échange lent et circonscrit des propriétés, qui fut d'abord
établi dans l'organisation des familles et des peuples, succé-
dèrent divers signes de propriété, et ensuite les monnaies des

diverses nations. A mesure que les rapports sociaux se mul-
tiplièrent, que le commerce s'étendit, il fallut des signes
d'un transport plus facile et plus rapide ; et le papier de
crédit à vue, à terme, fut employé, les banques furent établies ; elles créerent des billets de circulation, des inscriptions transférables de propriétés hypothéquées, de capitaux
affectés, de monnaies ou de valeurs déposées, et toutes les richesses des nations purent ainsi circuler, et donner successivement au corps social le degré de puissance auquel il est
parvenu de nos jours.

Le numéraire circulant est insuffisant pour les paiemens
rapides que nécessitent les consommations, le commerce, l'industrie, le travail, le service public.

Les calculs les plus exacts ne permettent pas d'évaluer à
plus de 12 milliards le numéraire en circulation en Europe.
Ce n'est pas le dixième de ce qu'exige aujourd'hui le mou-
vement des transactions sociales.

Le papier de circulation et l'action des banques sont deve-
nus indispensables (1).

L'Europe était perdue, si le crédit de l'Angleterre n'eût donné
à son gouvernement la puissance d'arrêter l'anarchie et la tyrannie qui lui a succédé : aucune nation ne s'est élevée encore
à ce degré d'influence sur la terre. Puisse-t-elle ne le consa-
crer qu'au bonheur des peuples !

Depuis le commencement de ce siècle seulement, la dette
de l'Angleterre s'est accrue de plus du double ; elle n'était
au 5 janvier 1801 que de L. S. 523,045,221.14.8 $\frac{1}{4}$. Elle
était au 5 janvier 1815 de L. S. 1,068,677,895.12.10, et
elle doit être aujourd'hui d'environ L. S. 1,120,000,000. Mais
les moyens de l'Etat, qui n'étaient en 1800 que de

______

(1) Voyez les notes successivement indiquées pages 27 et 28.

L. S. 54,218,208 . 19 . 1 $\frac{1}{4}$, se sont élevés au 1ᵉʳ. janvier 1815 à L. S. 145,377,707 . 7 . 6 $\frac{1}{4}$, et doivent être pour 1816 de plus de L. S. 160,000,000 : ainsi, les moyens ont triplé. Enfin, le fonds d'amortissement et de rachat de la dette, qui n'était au 1ᵉʳ. janvier 1801 que de L. S. 68,375,458 . 6 . 10, était au 1ᵉʳ. janvier 1815 de L. S. 297,290,243 . 10 : ainsi, ce fonds et ces rachats ont plus que quadruplé. Voilà quelle a été la puissance du crédit de l'Angleterre.

Il est facile de se convaincre qu'en suivant la même proportion dans 15 ans, la dette anglaise serait de deux milliards sterling : mais qu'alors le fonds d'amortissement serait de 1,200,000,000 ; qu'ainsi la dette serait réduite à 800,000,000 ; enfin, que dans 30 ans, la dette serait de quatre milliards, et le fonds d'amortissement de 4,800,000,000, c'est-à-dire, que la dette entière serait éteinte, et qu'il resterait un excédant de L. S. 800,000,000.

Toutes les fois que l'accroissement du fonds d'amortissement est plus rapide que l'accroissement de la dette, l'extinction de la dette est déterminée dans un temps plus ou moins éloigné, suivant la proportion qu'a l'accroissement avec le fonds successif de l'amortissement.

Telle est la puissance de ce système, qu'on appelait *un charlatanisme financier*, couvrant l'abîme dans lequel l'Angleterre allait se précipiter (2).

On peut juger des avantages de la puissance des moyens employés pour rendre la circulation des capitaux plus rapide par un seul exemple. On a calculé qu'à Londres 46 banquiers seulement payent chaque jour L. S. 4,700,000 ; que les paiemens faits par la banque, les autres banquiers et les marchands, s'élèvent dix fois à cette somme, et que toute cette circulation s'opère avec environ 24 millions sterling de billets de banque : un pareil échange de capitaux serait impossible en numéraire (3).

L'organisation et le maintien du crédit, quelle que soit sa puissance, exigent de la part du gouvernement un ordre sévère dans l'économie des dépenses, et l'équité la plus invariable et les calculs les plus exacts dans la nature de l'impôt et dans sa répartition. L'inégalité des contributions publiques est toujours une injustice, et l'injustice est toujours un ferment de division dans le corps politique.

Sous ce rapport, l'Angleterre a des abus à réformer. Les temps et les circonstances politiques sont changés. Plusieurs lois prohibitives pèsent sur l'industrie, sur la culture, sur le commerce, sur le consommateur, sans augmenter le revenu public, et elles sont quelquefois même destructives des sources qui l'accroissent.

Enfin, la sagesse des vues politiques a la plus haute influence sur l'action et la puissance du crédit public. Le ministère anglais s'égarerait, s'il abusait des circonstances, s'il ne voyait pas qu'aujourd'hui le repos de l'Europe peut seul développer toute la prospérité de l'Empire britannique, et soutenir l'honneur de la nation; qu'il faut un plus vaste champ à l'emploi de ses capitaux, et que ce champ lui sera ouvert, si la paix s'affermit, et répare les longs malheurs dont le continent de l'Europe a été accablé.

2°. *Observations particulières sur notre situation actuelle.*

Je ne retracerai pas le tableau de nos malheurs; la situation de nos finances en est un triste résultat. Plus de *deux milliards* de dettes non constituées ou d'engagemens à acquitter, pèsent sur l'État. Il faut pourvoir à leur paiement successif et aux dépenses annuelles.

Le ministre des finances a présenté le budget de 1816. La

commission des finances de la chambre des députés a présenté un autre projet.

L'ordonnance de S. M. du 23 mars, rendue d'après les opinions diverses qui se sont manifestées, a réglé le sort de la dette arriérée non constituée.

Voilà la base sur laquelle aujourd'hui notre liquidation et nos dépenses annuelles doivent être réglées.

La chambre des députés ayant adopté cette base à l'unanimité, secondera de toute son influence, sans doute, les diverses mesures que l'exécution de ce système pourra exiger.

Il ne suffit pas de régler la dépense de 1816, il faut calculer celle des années sur lesquelles la liquidation de la dette non constituée de l'Etat doit nécessairement être répartie.

On ne peut sans doute enchaîner les déterminations des sessions successives des pouvoirs législatifs, ni garantir les circonstances politiques; mais il importe de prouver qu'on peut adopter un système qui suffirait pour assurer la liquidation entière de l'arriéré, et toutes les parties du service public. C'est ainsi seulement que la confiance et l'espoir peuvent se raffermir.

Mais il faut pour cela que ce système de finance soit conforme à ces principes d'ordre, d'économie, de fidélité, de justice, qui seuls peuvent ranimer la circulation des capitaux, le crédit public et le crédit particulier.

Des calculs exacts faits en 1802 et en 1813 ne permettent pas d'évaluer à plus de 1,500,000,000 le numéraire actuel existant en France, et je crois même cette évaluation exagérée.

Cette somme est évidemment insuffisante pour la circulation des capitaux. Il faut donc à la circulation un moyen plus actif, plus mobile et moins coûteux. Je développerai à l'article des moyens celui que je crois devoir proposer.

Les subsides à payer aux étrangers diminueront le numéraire circulant, et rendront plus nécessaire encore un autre moyen de circulation.

Les capitaux commerciaux de l'Angleterre sont aujourd'hui la base essentielle de son crédit, et on voit quelle en est la puissance.

Les capitaux fonciers de la France offrent une base très-étendue et plus sûre encore. C'est sur elle qu'il faut fonder notre crédit ; et tel est l'enchaînement admirable des vrais principes d'économie politique, qu'ici le crédit se lie à tout ce qui peut donner plus de valeur à la propriété territoriale, par nos consommations, notre industrie et notre commerce.

Les mêmes principes doivent nous guider dans le choix des impositions, dans leur perception, dans nos lois sur le commerce, sur l'industrie, et sur toutes les parties de notre économie sociale.

Il faut animer et seconder le travail, déblayer nos ruines, relever nos demeures détruites, réparer nos routes, nos canaux, nos ports ; établir de nouvelles communications, encourager notre navigation, notre industrie, notre commerce, nos colonies ; détruire la mendicité, secourir l'indigence, instruire le peuple, ranimer la religion, la morale ; éclairer la raison dans toutes les classes de l'ordre social.

Il faut assurer notre indépendance, nos relations politiques, notre police intérieure.

Voilà les grands objets de nos dépenses et de l'emploi de notre revenu public.

C'est l'ensemble de ces objets qu'il faut apprécier, pour balancer leur utilité et leur influence dans la distribution de nos recettes annuelles.

3°. *Dette de l'État.*

La fixation dela dette de l'Etat est le premier objet qu'il faut déterminer.

On la divise en *dette consolidée, et en dette non consolidée ou flottante.*

1°. *La dette consolidée*, suivant le rapport du ministre, pages 196 et 197, s'élevait, au 1er. octobre 1815, en rentes à 5 p. $\frac{0}{0}$ du capital fondé, à. 65,393,312

A inscrire au 1er. janvier 1815.. . . 12,385,690

F. 77,779,002

Représentant un capital fondé de. 1,555,580,040

La dette viagère était réduite au 1er. octobre 1815 à 13,584,000 de rentes annuelles : elle doit avoir éprouvé une réduction ; elle ne doit pas excéder 13,500,000.

Les pensions au 1er. octobre s'élevaient à 19,879,879 ; elles doivent avoir peu varié au 1er. janvier 1816 ; celles à inscrire d'après les lois s'élevaient à 4,543,505 ; ensemble. . 24,423,384

La dette viagère et les pensions réunies s'élevaient donc au 1er. octobre 1815 à 38,007,384, en y comprenant les pensions à inscrire.

Le capital fondé, calculé à 10 p. $\frac{0}{0}$, ... 380,073,840

Capital total de la dette constituée. 1,935,653,880

Telle est la situation de la dette consolidée, portée au budget du ministre pour 1816, à 115,000,000 de rentes annuelles à payer. Cette dette est réglée par les lois qui en ont fixé les diverses parties.

Dans ces 115,000,000 de rentes, sont compris 12,385,690 de rentes à inscrire, à compter du 1er. janvier 1816.

La commission, dans son projet de budget, porte à 125,500,000 la totalité des rentes et pensions à acquitter.

Pour cette première partie constituée de la dette de l'Etat, il ne s'agit que d'assurer le service régulier de chaque semestre à terme fixe, et de la manière la plus accélérée. Je proposerai quelques mesures à cet égard.

2°. *La dette non consolidée* ou *flottante*, serait immense s'il fallait compter comme dette à liquider toutes les spoliations commises par les divers gouvernemens qui se sont succédés depuis le moment où la Convention nationale s'empara de tous les pouvoirs, jusqu'au jour où le gouvernement royal a repris les rènes de l'administration : mais on ne peut et on ne doit compter comme dettes de l'Etat que celles qui sont fondées sur des titres légitimes, et qui n'ont pas été anéanties par les lois existantes.

L'ordonnance de S. M., du 23 mars 1816, réunit toutes ces dettes sous la dénomination générale de dettes antérieures au 1er. janvier 1816.

Voici l'évaluation qu'on peut leur donner :

1°. La dette antérieure à 1801, que le ministre des finances ni la commission ne rappellent pas dans les budgets proposés : cette dette, dont plusieurs parties sont fondées sur des titres légitimes et non anéantis, ne peut être évaluée approximativement à moins de (4). 40,000,000

Ci-contre. . :	40,000,000	
2°. Dette de 1801 à 1809.	71,241,626	

p°. 187 du rapport du ministre.

3°. Du 1er. janvier 1810 au 1er. avril 1814.   376,815,069 24

p°. 187 du rapport du ministre. Dans cette dette est comprise celle envers la caisse d'amortissement et les caisses du trésor, pour 113,871,294.

4°. Arriéré des neuf derniers mois de 1814. . . . .   103,716,622 61

5°. Arriéré de 1815. . . . .   130,433,000 »

6°. Obligations en circulation. . . .   14,023,300 »

7°. Emprunt de. . . . .   100,000,000 »

La chambre a arrêté que cet emprunt serait remboursé, comme tout l'arriéré, conformément aux dispositions de l'ordonnance du 23 mars dernier.

Total à consolider ou à payer en obligations du trésor, à cinq ans. 836,228,951 85

Dette extraordinaire, qui ne peut être payée qu'en effectif, ou en rentes à cours fixé.

Remboursement à effectuer aux départemens qui ont fourni à l'habillement et à l'équipement des troupes alliées. 20,000,000

Fonds de dégrèvement aux départemens qui ont le plus souffert. 41,057,000   }   61,057,000 »

Contributions à payer pendant cinq

836,228,951 85 → 897,285,951 85

De l'autre part.   897,285,951 85

ans aux puissances alliées, à raison de 140,000,000 annuellement.   700,000,000

Entretien de leurs troupes, à raison de 130,000,000 annuellement, pendant cinq ans. 650,000,000   }   1,350,000,000 »

A la maison de Bentheim. . . . . . .   1,310,000 »

Aux sujets des puissances alliées, à fixer par liquidation. . . . .   125,000,000 »

Total de la dette flottante, arriérée ou à terme. 2,373,595,951 85

RÉCAPITULATION.

1°. Dette constituée. . . . .   1,935,653,880 »

2°. Dette non-constituée. 2,373,595,951 85

                    4,309,249,831 85

OBSERVATION.

Par l'imputation au budget de 1816, présentée par le ministre sur les rentes consolidées, à payer, de.   12,385,690 »

Et par la commission, de. . . . . . .   10,500,000 »

Total des rentes à inscrire en 1816. . .   22,885,690 »

On aura réduit la dette de l'arriéré d'environ. . . . .   300,000,000 »

Et celles envers les puissances étrangères et leurs sujets, de. . . . .   110,000,000 »

                    410,000,000 »

Ci-contre. . .	410,000,000	
Celle particulière envers la maison de Bentheim.	510,000	»
	410,510,000	»
Ainsi, la dette des exercices antérieurs au 1er. janvier 1816, serait réduite à.	536,228,951	85
Celle envers les puissances alliées, ou leurs sujets.	1,365,800,000	»
Celle envers les départemens.	61,057,000	»
Ensemble.	1,963,085,951	85
Dont à payer effectivement en 1816. . .	61,057,000	»
Ou seulement 51,057,000, si on partage le paiement des 20,000,000 d'avances pour fournitures.		
Aux puissances alliées, en 1816. . . .	270,800,000	»
Paiemens à faire en 1816.	331,857,000	»

Ou seulement 321,857,000.

D'après ces bases, je donnerai à l'article des moyens le tableau de l'acquittement successif de toute la dette, arriérée où à terme.

4°. *Dépenses des caisses publiques de l'Etat.*

Le ministre des finances a établi, suivant l'usage ordinaire, le budget de 1816 sur un seul tableau, en y distinguant les dépenses ordinaires et les dépenses extraordinaires. La commission des finances a, dans son rapport, établi deux budgets. L'un est le budget ordinaire, l'autre le budget extraordinaire. Je n'apprécie pas l'importance des motifs de la commission, pour établir à cet égard un nouveau mode pour la formation du budget annuel. Je suivrai cependant ce nouvel ordre de distribution des recettes et des dépenses ; mais je différerai de la commission dans l'évaluation de divers articles portés en dépenses ou en recettes (5).

Sur les dépenses, la différence ne consiste que dans 10,000,000, que je crois devoir ajouter de plus au ministère de l'intérieur, particulièrement applicables aux objets les plus utiles au peuple, l'instruction, les hôpitaux, les prisons, la confection et l'entretien des routes; ensemble avec les dépenses départementales, 85,000,000. Le ministre des finances n'a compris le ministère de l'intérieur que pour 70,000,000. Dans son budget de 1816, la commission a ajouté 5,000,000 pour le clergé.

Il faut ajouter, d'ailleurs, 1,000,000 aux fonds attribués à la famille royale, pour la somme annuelle votée, de plus, pour S. A. R. Mgr. le duc de Berry.

Je crois devoir enfin réduire les frais de négociation à 9,000,000, et cette somme me paraît même plus que suffisante.

Augmentation totale, 8,000,000.

Ainsi, je porterai les dépenses totales du budget ordinaire à 553,732,000, pour 1816. (Voyez les détails, tableau N°. I.)

Quant au budget extraordinaire, voici les changemens que je proposerais :

1°. Pour le mariage de S. A. R. le duc de Berry, 1,500,000 à ajouter aux dépenses du ministère des affaires étrangères, ci 1,500,000

2°. 50,000,000 de prêts, en 1816, faits aux propriétaires des départemens ravagés, qui

Ci-contre. . . .   1,500,000

pourront offrir des suretés hypothéeaires suffi-
santes.   50,000,000

3°. 1,250,000 au trésor royal, pour l'intérêt
à 5 p. $\frac{0}{0}$ de ces prêts, pendant les six derniers
mois de 1816.   1,250,000

4°. 1,000,000 d'extraordinaire à la caisse
d'amortissement, pour fonds d'extinction des
bons à terme.   1,000,000

5°. 630,000,000 à consolider ou rembourser,
sur lesquels les fonds sont déjà faits jusqu'à
concurrence de. . . . . 410,510,000 ⎫
219,500,000 seront acquittés   ⎪
en bons ou consolidés, en 1816, ... ⎬ . 630,000,000
avec intérêt, ou jouissance du   ⎪
1ᵉʳ. janvier 1817. . . . . 219,490,000 ⎭

6°. Dégrévement pour les départemens les
plus chargés.   41,057,000

          Ensemble.   724,807,000

En effectif, remboursement
aux départemens. . . . . 10,000,000 ⎫
Aux puissances alliées. . . . 270,000,000 ⎬ 280,800,000
A la maison de Bentheim. . . 800,000 ⎭

    Total du budget extraordinaire. . . . 1,005,607,000

Résumé total.

1°. Budget ordinaire. 553,732,000
2°. Budget extraordinaire. 1,005,607,000

                 1,559,339,000

Cette dépense paraît énorme ; mais le développement des moyens prouvera qu'elle peut être payée ou consolidée dans le cours de 1816.

Cette distribution de capitaux ranimerait rapidement la circulation et le travail, et rappellerait la confiance et le crédit.

Une partie des fonds payés aux puissances alliées sera dépensée dans nos divers départemens, ou dans la capitale.

5º. *Moyens pour 1816 et années suivantes.*

1816.

La dépense que j'ai établie pour le budget de 1816 s'élève a. 553,732,000

Le ministre des finances a porté les moyens ordinaires à. 524,700,000

La commission, à. 570,454,940

Je différerai de l'une et de l'autre de ces évaluations dans le système que je proposerai.

Je porterai, comme le ministre, la contribution foncière à. 258,198,000

Mobilière et personnelle, à. 40,933,500

299,131,500

J'en déduis pour pertes et non-valeurs. 8,000,000

291,131,500

J'en déduis, pour porter à un autre article, le 12ᵉ. du principal des contributions foncière et personnelle, perçu en 1815... 23,930,520

267,200,980

1°. Contributions foncière, mobilière
et personnelle. 267,200,980

2°. 12° pour les dépenses départemen-
tales. 23,930,520

3°. Portes et fenêtres,
comme le ministre. . . . 14,181,000

4°. Patentes, comme le
ministre. 16,187,000
                         ──────────
                         30,368,000 ⎫
                                    ⎬ 28,868,500
Pertes et non valeurs. . . 1,499,500 ⎭

Somme à porter au budget.. 320,000,000   320,000,000
                                     ──────────

Enregistrement et domaines. . . . . . 145,000,000 ⎫
Cet impôt, mieux régi, doit produire da-   ⎬
vantage, et plus on animera la circulation,   ⎬ 165,000,000
plus il rendra à l'Etat.   ⎬
Bois, comme la commission et le ministre. 20,000,000 ⎭

Contributions indirectes évaluées en masse. 235,000,000

Divers produits, comme le ministre. 29,000,000
                                                     ──────────
                  Rentrée ordinaire.   749,000,000
                                                     ══════════

Rentrées extraordinaires.

1°. Cautionnemens que j'aurais voulu ne
pas exiger. 50,633,000
Conformément aux calculs de la commission.
2°. Recouvrement à faire sur les biens des
communes. 22,992,000

3°. Sur les bois vendus. 12,950,000

4°. Créances de l'Etat, dont on doit pro-
curer la rentrée, au moins.   15,000,000
                                              ──────────
                                              101,575,000

De l'autre part.   101,575,000

5°. Consolidation, dont les intérêts sont déjà portés en dépense. 410,500,000

5,975,000 de rentes, jouissance du 1er. janvier 1817. .   119,500,000   630,000,000

Consolidation à faire dans le cours de 1816. 100,000,000

6°. Obligations à cinq ans, dans le système de la commission.   100,000,000

7°. Bons hypothécaires sur les bois, dont je développerai le système.   200,000,000

8°. Rentrée du prêt de 50,000,000 en bons hypothécaires.   50,000,000

9°. Dégrèvemens déjà portés dans la dette à payer pour 1815.   41,057,000

                                                        1,122,632,000

Excédant sur le budget ordinaire. . . .   195,268,000

                                                        1,317,900,000

La dépense est de.   1,005,607,000

Excédant des moyens.   312,293,000

Total des moyens de 1816.

1°. Ordinaires.   749,000,000
2°. Extraordinaires.   1,122,632,000

                                                        1,871,632,000

Total des Dépenses.

1°. Ordinaires.   553,732,000
2°. Extraordinaires. . .   1,005,607,000   1,559,339,000

Excédant comme ci-dessus.   312,293,000

Les budgets que j'établirai présenteront l'application de tous ces moyens aux diverses parties de la dépense publique.

1816 à 1822.

Après avoir indiqué les moyens que je propose d'employer au service de 1816, je dois présenter quelques observations importantes sur ces moyens, et sur leur application au service successif des années 1817, 1818, 1819, 1820 et 1821. Les budgets particuliers indiqueront tous les détails de dépenses et de moyens.

1°. Je n'ai augmenté le produit des contributions que d'après les calculs des hommes les plus exercés dans cette partie des revenus publics. Tout doit tendre à diminuer successivement le poids des contributions directes, et à régulariser et simplifier la perception des impôts indirects, de manière qu'ils n'entravent que le moins possible le travail, la culture, l'industrie, le commerce, et les transports et la navigation qui l'étendent.

La justice, les lois de proportion qu'elle impose, et les calculs les plus exacts doivent déterminer le vrai système d'impôt applicable à la France. Toute cette partie de notre organisation politique exige le plus sévère examen. Il faut surtout prévenir les erreurs d'un système prohibitif faussement calculé, qui presque toujours manque son but, démoralise le peuple, et devient ruineux pour le trésor.

Il est facile déjà de se convaincre que les droits d'enregistrement sont trop élevés, et nuisent, par cet excès même, au produit annuel de leur perception.

Plus de 1,000,000,000 de créances particulières sont paralysées par la crainte seule des avances qu'exigeraient les droits d'enregistrement qu'il faudrait payer pour poursuivre leur recouvrement.

La Chambre des députés jugera, dans les sessions qui se succéderont, quelles sont les contributions qu'il est impossible de ne pas percevoir, quelles sont celles qu'il convient de modifier, quelles sont celles qu'on doit remplacer par d'autres voies. Je n'entrerai pas dans cet examen. Il faut des élémens certains pour l'entreprendre, et ils ne peuvent être fournis que par le ministère des finances, par l'expérience des anciens administrateurs, par les diverses classes des contribuables eux-mêmes.

2°. Les moyens essentiels sur lesquels repose ensuite tout le système que je propose, indépendamment de quelques recettes accessoires, sont :

1°. La création de 400,000,000 de bons à terme, conformément à l'ordonnance du Roi du 23 mars dernier ;

2°. La création de 400,000,000 de bons hypothécaires sur les domaines de l'Etat;

3°. Deux emprunts successifs de 80,000,000 en 1817 et 1818;

4°. Enfin, un fonds d'amortissement accroissant, dont la puissance soutienne toujours le crédit public, et puisse successivement permettre au gouvernement de réduire le poids des charges publiques.

1°. La création de bons, à cinq ans de terme, a été proposée par l'ordonnance de S. M., du 23 mars dernier, et elle a été adoptée par la Chambre des députés. J'ai porté cette création à 400,000,000, dont l'émission sera graduelle. On verra dans les budgets et le résultat général que j'ai établi, que cette émission pourra être de moins de 400,000,000, auxquels je l'ai portée, et que même plus de 140,000,000 de ces bons pourraient être remboursés en 1821.

2°. La création de 400,000,000 de bons hypothécaires affectés spécialement par séries sur les domaines de l'Etat.

Cette création est la base importante et particulière du système que je propose.

Je n'entrerai pas dans la discussion des avantages ou des inconvéniens de la vente des bois et des biens du Domaine. Il y a eu exagération à cet égard dans les opinions contraires, et c'est aux sessions suivantes à les examiner. Si la conservation des domaines est arrêtée, il faudra en perfectionner l'administration, détruire les abus et faire cesser les faux travaux. Si la vente était reconnue plus utile à l'Etat, il faudrait prévoir les spéculations, ruineuses pour le trésor, que font naître toujours de semblables opérations.

Mais dans mon système, la vente est inutile dans ce moment. Il suffit que l'hypothèque soit donnée; et elle ne détruit, ni le produit des domaines, ni les moyens de les conserver et de les améliorer.

Ces bons, toujours remboursables à 5 ans de leur émission, seraient admis dans toutes les caisses de l'Etat comme numéraire.

Ils porteraient 4 p. $\frac{0}{0}$ d'intérêt annuel, et droit, en totalité, à 1 p. $\frac{0}{0}$ de plus réparti en primes, qui seraient tirées au sort chaque semestre.

Les coupures de ces bons pourraient être graduées de 100 fr. à 1,000 fr.

Sur 100,000,000 de ces bons, le trésor aurait à payer 4,000,000 d'intérêt annuel, et chaque semestre 500,000 de primes dans des divisions qui seraient déterminées.

Par exemple, 200,000 en primes de 10 ; ce qui donne à 20,000 bons un intérêt de 5 p. $\frac{0}{0}$. 200,000

  100,000 en primes de 20 ; ce qui donne

      6 p. $\frac{0}{0}$ à 5,000 bons 100,000

  100 primes de   100 10,000

  100 primes de   200 20,000

  100 *idem.* de   300 30,000

    2 *idem.* de —   10,000 20,000

    1 *idem.* de   20,000 20,000

    1 *idem.* de   100,000 100,000

                                          500,000

Ces bons auraient le double objet de donner au trésor un nouveau moyen de circulation et de service, qui bientôt aurait dans l'Etat un effet plus avantageux que deux milliards de numéraire mis en circulation.

Ces bons serviraient à prêter des fonds dans tous les départemens où les propriétaires auraient besoin de secours, et pourraient donner des sûretés hypothécaires. Alors ces bons seraient successivement doublement, *triplement,* etc. hypothéqués, et sur les propriétés de l'Etat, et sur des propriétés particulières ; aucun effet de circulation n'aurait plus de sûreté.

En graduant les émissions, 50,000,000 de numéraire dans les diverses caisses publiques de l'Etat, suffiraient pour assurer la circulation de plus de 500,000,000 d'effets ainsi garantis. Ce *médium* de circulation aurait tous les caractères que demandait *lord Stanhope* pour la circulation des capitaux (6).

Je développerai facilement tous les détails de ce système de circulation, si le principe en était admis, si l'hypothèque de 400,000,000 sur les biens du domaine était consentie.

Il s'agit du salut de la patrie ; et lorsqu'un moyen conservateur, un mobile de crédit le plus certain de tous, nous est offert, lorsqu'il repose sur nos propriétés en accroissant leur valeur, il semble impossible qu'il n'ait pas l'approbation du gouvernement et l'assentiment du peuple.

Quelle que soit ma conviction, on verra cependant, dans le développement des budgets que je présente, que ce n'est que graduellement que je propose l'émission de ces bons, et qu'en supposant une création de 400,000,000, je n'en ai employé que 300,000,000 de 1816 à 1821.

L'avantage de ce moyen de circulation est que, revenant

sans cesse au trésor, ces bons serviront toujours à de nouveaux paiemens, dans diverses parties du service public ou dans les prêts hypothécaires.

3°. J'ai proposé pour surcroît de moyens deux emprunts de 80,000,000 : un en 1816, et l'autre en 1817. Ces emprunts, avec les valeurs dont je propose la création, se réaliseront facilement, et pourront être modifiés suivant les circonstances. J'ai voulu que rien n'arrêtât la marche du trésor et l'exactitude des paiemens.

4°. Enfin, j'ai employé, avec le ministre des finances et la commission de la chambre des députés, la consolidation de la dette arriérée comme un des plus puissans moyens de liquidation ; mais je ne l'ai employée que graduellement et avec un contre-poids d'amortissement, tel qu'il serait impossible que la rente ne s'élevât pas de 85 à 90.

On verra dans le résultat général que je présente qu'en 1821, la dette consolidée s'éleverait à 155,500,000, et que le fonds capital d'amortissement serait, à la même époque, de 195,000,000, indépendamment de l'accroissement des intérêts de 1816 à 1821, qui élève le capital de l'amortissement à environ 221,937,961, en ne calculant les rachats de rente, terme commun, que sur le pied de 80 ou 6 $\frac{1}{4}$ p. $\frac{0}{0}$.

A cette époque de 1821, la puissance de l'amortissement serait plus que suffisante pour éteindre plus de 95 millions de la dette consolidée dans onze ans, en calculant les rachats au prix commun de 80.

Il entrerait aussi dans mon système d'immobiliser autant que possible diverses parties des rentes consolidées pour assurer le service de plusieurs établissemens ;

De traiter avec la banque de France pour quelques parties de service. Cette banque a dû se concentrer au milieu de nos orages politiques ; mais aujourd'hui ses intérêts mêmes se lieraient avec avantage à l'intérêt public, qui est le but auquel tout doit concourir.

Tels sont les moyens que j'ai cru devoir présenter non-seulement pour assurer la liquidation de la dette flottante, mais aussi pour prévenir le déficit possible des rentrées, pour verser dans la circulation d'immenses capitaux, pour créer un nouveau moyen de crédit, pour secourir les propriétaires, et pour ranimer enfin toutes les sources de la richesse et de la prospérité publiques.

RÉSUMÉ.

J'ai rapidement exposé la nature, l'origine, les principes et la puissance du crédit. J'ai présenté quelques considérations sur notre situation actuelle, et sur l'insuffisance de nos moyens de circulation. J'ai donné l'état de la dette publique consolidée ou flottante. J'ai ensuite établi les dépenses ordinaires de 1816, d'après les bases adoptées par le ministre des finances et la chambre des députés. Je n'ai rien changé à la masse de ces dépenses pour les années suivantes, excepté pour l'accroissement de l'amortissement et les intérêts des consolidations successives. Ces dépenses devront être examinées avec soin dans les sessions suivantes. Elles doivent être combinées de manière à allier une sage économie avec la puissance que doivent avoir tous les ressorts de l'administration publique sur le bonheur du peuple. C'est d'après les circonstances et l'importante nécessité de créer un crédit public, que j'ai calculé ensuite les dépenses extraordinaires de 1816 et des années suivantes, jusqu'à 1821. J'ai enfin développé les moyens ordinaires de nos dépenses et nos diverses recettes publiques. Je ne me suis que peu écarté des évaluations du ministre et de la commission des finances, et les articles sur lesquels je diffère sont appuyés sur des calculs qui m'ont paru évidens. Il serait trop tard, et même impossible,

cette année, de rien changer au système de l'impôt. Sa théorie
ne s'improvise pas; il faut l'établir sur des faits incontestables
et des calculs rigoureux. Quant aux moyens extraordinaires,
j'ai réuni tous ceux que le ministre des finances et la commission de la chambre des députés ont présentés : et j'en propose
un qui, seul, peut, je crois, créer en France un crédit inébranlable, en le fondant sur nos valeurs territoriales ; en accroissant sa sureté par des prêts qui lui donneraient de nouvelles
garanties, en fécondant les sources de la richesse publique.
Je n'accorde cependant à ce moyen qu'une puissance pro-
gressive : car je sais qu'on ne change l'opinion que par l'influence des faits et de l'expérience, et que, même avec les faits
et l'expérience, il faut du temps pour écarter les préjugés. Ce
crédit hypothécaire, dont la nécessité m'est démontrée pour
presque tous les Etats du continent de l'Europe, peut seul réparer nos pertes, et effacer les traces de nos longs malheurs.

J'ai donné au système d'amortissement une force toujours
croissante, qui en accélère la puissance et les effets.

J'ai proposé, au besoin, deux emprunts pour 1817 et 1818,
afin de prévenir les inquiétudes que pourrait causer le déficit
des recettes présumées.

On voit l'action de tout ce système de finances dans les budgets successifs de 1816 à 1821, Nos. 1, 2, 3, 4, 5; dans le tableau général de ces six années, N°. 6; et dans le tableau de
l'amortissement de la dette publique, calculé jusqu'en 1832,
N°. 7.

C'est lorsque nos malheurs mêmes doivent être pour nous la
garantie d'une longue paix; c'est lorsque l'intérêt de toutes les
puissances de l'Europe est de ne pas la troubler; c'est lorsque
toutes les familles, comme l'Etat, ont de grandes pertes à réparer; c'est lorsque le Monarque le plus sage veille sur notre
honneur, notre indépendance, nos destinées, que nous devons

4

réunir tous les moyens que les progrès de là civilisation, l'expérience des siècles, notre sol, notre position sur le globe, notre caractère national, la sagesse, la raison, la morale, et la religion elle-même, qui en est la base sacrée, nous tracent et nous appellent à employer. Puissent ainsi nos efforts calmer nos passions, et seconder les vœux des vrais amis de la patrie!

NOTES.

(1) Dans le dernier siècle, les banques d'Écosse y ont presque doublé les produits de l'agriculture, de l'industrie et du commerce. Mon honorable ami le chevalier John Sinclair a remis à LL. EE. le duc de Richelieu, le comte Vaublanc et le comte Corvetto, une note extrêmement importante sur l'organisation et l'influence de ces banques.

(2) Tout a un terme cependant, et ce système ne peut s'étendre au-delà des limites de l'impôt, qui doivent régulièrement être dans une telle proportion avec les revenus particuliers des familles qui composent l'Etat, que leur existence soit assurée, et que les diverses sources de la richesse publique ne soient jamais paralysées. Cette loi invariable du meilleur système d'organisation sociale, rappelle toujours les gouvernemens à réduire les dépenses et l'impôt, dès que la situation politique de l'Etat peut le permettre. L'Angleterre elle-même en donne l'exemple dans ce moment; et la taxe pour ses pauvres n'a aussi fortement augmenté que par une suite des dépenses énormes qu'a exigées son existence politique. La paix, l'éducation du peuple et la sagesse du gouvernement peuvent seuls arrêter les progrès effrayans de l'indigence.

(3) Le numéraire en circulation est une valeur réelle de convention, mais improductive. On a calculé que L. S. 100,000,000 en guinées, mises en circulation au commencement d'un siècle, indépendamment de leur détérioration, donneraien tdans 98 ans, par la perte des intérêts composés, L. S. 63,000,000,000 de perte totale.

Les terres, les valeurs commerciales ou industrielles sont au contraire des valeurs productives que représentent également le numéraire et les effets de crédit ; mais ces effets n'ayant aucune valeur intrinsèque, et pouvant circuler et se compenser avec cent fois plus de rapidité que le numéraire, ont sur lui un avantage immense dans la circulation. La somme totale des paiemens qui se font à Londres le démontre jusqu'à l'évidence. Il est prouvé que, pour compter 5,000,000 de guinées, à une guinée par seconde, il faudrait près de 4 mois, en travaillant 12 heures par jour. C'est de l'inertie de la circulation, ou de sa rapidité, que dépendent essentiellement ou la pauvreté ou la richesse des nations.

(4) Les anciens intéressés de la compagnie des Indes ont des droits à ré-
clamer ; et je connais des créances considérables qu'on ne pourrait mettre
au néant, qu'en leur appliquant les décrets secrets de déchéance, auxquels
l'usurpateur, ni le directeur zélé de son système de liquidation, n'ont eux-
mêmes osé donner aucune publicité, et dont ils ne se sont servis qu'arbitrairement, pour ruiner des milliers de familles.

(5) Il importe que le budget de l'année rappelle toujours la masse
totale de la dette et de la dépense extraordinaire qu'exigent les intérêts
et les parties à payer dans le cours de la même année. Un seul tableau
suffit pour cela.

Un ancien ministre des finances, dans une opinion qu'il a fait dis-
tribuer, met une très-grande importance au maintien des comptes de finances par exercices. Cette forme, en effet, a l'avantage de présenter plus
exactement la dépense et la recette de chaque année : mais elle ne doit pas
empêcher que chaque année un budget extraordinaire joint au budget ordinaire, n'indique la dépense arriérée à acquitter où les recouvremens à
opérer : tableau toujours nécessaire, pour voir d'un coup d'œil quelle est
la situation des finances de l'Etat. Le désordre des finances ou le despotisme peuvent seuls forcer à plonger dans un arriéré indéfini, ou dans
une réduction désastreuse pour un grand nombre de familles, les créances
légitimes sur l'Etat, quelle que soit leur date.

(6) Le discours de lord Stanhope à la chambre des pairs, le 16 juillet
1811, fut très-remarquable : il développa les vrais caractères du meilleur
moyen de circulation, et ces caractères se trouvent tous dans les bons hypothécaires que je propose de créer. *Voyez le Moniteur du 29 juillet 1811.*

N⁰. I. — BUDGET ORDINAIRE DE 1816.

Notes sur les dépenses de 1816.

1⁰. J'AI évalué la dette fondée, comme l'a portée la commission des finances dans son rapport sur cette consolidation : il y avait   22,885,690 fr. à inscrire à divers taux , que j'ai évalué par approximation (page 15) à.. 410,510,000 au lieu de 457,713,800 fr.

2⁰. Liste civile , comme le ministre et la commission.

3⁰. J'ai ajouté 1,000,000 pour S. A. R. le duc de Berry.

4⁰.
5⁰.
6⁰. } Je n'ai rien changé à ces quatre articles.
7⁰.

8⁰. J'ai ajouté 10,000,000 au département de l'intérieur. Je crois cette addition indispensable ; c'est le département dont les dépenses peuvent le plus influer sur la prospérité de l'État.

9⁰. J'ai porté séparément les dépenses départementales , comme les a portées la commission.

10⁰. *Guerre.* Je n'ai rien changé à l'évaluation de la dépense de ce département ; mais il est vraisemblable que l'armée n'étant pas au complet , on pourra réduire la dépense portée au budget.

11⁰. Même observation pour la marine.

12⁰. *Police.* La dépense de ce département est extrêmement réduite. Il est nécessaire d'examiner et de régler les diverses recettes qui lui sont attribuées.

13⁰. J'ai réduit de 3,000,000 les frais de négociations , et je crois qu'ils pourront être réduits à une moindre somme, qui, avec l'extinction de l'intérêt des bons en circulation , suffira pour les intérêts des nouveaux caution- nemens : ainsi, je n'ai pas augmenté dans les budgets suivans la dépense du département des finances.

14⁰. J'ai ajouté 6,000,000 au fonds d'amortissement.

OBSERVATION.

L'extinction annuelle sur les rentes viagères était évaluée à 400,000 francs annuellement, représentant, en décroissement de la dette, 40,000,000. Je n'ai pas porté ce décroissement en compte dans les budgets suivans ; mais cette extinction sera un moyen de plus qu'il suffit d'indiquer ici.

5

DÉPENSES.

1°. **DETTE PUBLIQUE** { perpétuelle / viagère / pensions			125,500,000.
2°. Liste civile	25,000,000	} 34,000,000.	
3°. Famille royale	9,000,000		
4°. Chambre des pairs	2,000,000	} 2,610,000.	
5°. Chambre des députés	610,000		
6°. Justice	17,000,000		
7°. Affaires étrangères	6,500,000		
8°. Intérieur (ministère)	61,000,000	} 85,000,000	
9°. Dépenses départementales	24,000,000		
10°. Guerre	180,000,000		
11°. Marine	48,000,000		391,622,000.
12°. Police générale	1,000,000		
13°. Finances (ministère)	16,000,000	} 34,122,000	
Idem des cautionnemens.	8,000,000		
Frais de négociation	9,000,000		
Intérêt des obligations	1,122,000		
14°. Fonds d'amortissement	20,000,000		

553,732,000.

MOYENS.

Contribution foncière, c^{me}. le ministre..	258,198,000	

Contribution foncière, c^{me}. le ministre..   258,198,000
   Idem   mobilière et personnelle..   40,933,500
                                   299,131,500
          Pertes et non-valeurs.......   8,000,000
                                     291,131,500 ⎱ 267,200,980
nt il faut déduire pour dépenses départ^{les}...   23,930,520 ⎰

12^{c.} du principal des contributions fon-
   cières et person^{lles}. sur les rôles de 1815..............   23,930,520 ⎰
. Portes et fenêtres, comme le ministre...   14,181,000   ⎰ 320,000,000
. Patentes, comme le ministre. ,........   16,187,000
                                     30,368,000 ⎱ 28,868,500
       Pertes et non-valeurs............   1,499,500 ⎰
. Enregistrement et domaines. Cet impôt
   doit rendre plus de..............   »   »   » 145,000,000 ⎱ 165,000,000
. Bois, comme le ministre et la commission.   »   »   » 20,000,000 ⎰
. Douanes, comme la commission........   40,000,000 ⎱
. Sels...........................   40,000,000
. Droits généraux...................   118,000,000   »   »   » 235,000,000
. Tabacs, comme le ministre..........   37,000,000 ⎰
. Loterie........................   7,000,000 ⎱
. Postes.........................   14,000,000
. Salines de l'État.................   2,000,000   »   »   » 29,000,000
. Recettes diverses................   6,000,000 ⎰

            MOYENS......................   749,000,000
            DÉPENSES.....................   553,732,000

      Excédant à porter au budget extraordinaire.....   195,268,000

Notes sur les recettes de 1816.

1°. \
2°. |
3°. { Contributions directes. Je les ai portées, comme le ministre des
4°. / finances, sur le budget de 1816; mais mon plan épargne le complément de l'emprunt de 100,000,000, à percevoir sur les rôles
de 1815, environ 30,000,000, indépendamment des 70,000,000
que mon plan rembourse aux principaux contribuables sur l'emprunt
des 100,000,000.

5°. J'ai porté les droits d'enregistrement à 9,000,000 de plus que le ministre ; les nouveaux droits doivent produire cette différence.

6°. Les bois, comme le ministre et la commission.

7°. Les douanes, comme la commission.

8°. J'ai porté les sels à 5,000,000 de plus. M. Sabatier estime qu'ils devraient produire 43,600,000 au *minimum*.

9°. J'ai porté les droits généraux à 118,000,000 ; et si la perception était
convenablement établie, ils rapporteraient 125,000,000. Le ministre les
porte à 110,000,000. La commission les a extrêmement réduits.

10°. \
11°. |
12°. > Comme le ministre.
13°. |
14°. /

Nota. M. Sabatier porte la totalité des produits à 814,246,057.

M. Bricogne, à 810,000,000, en n'y comprenant pas les
cautionnemens.

La commission des finances porte les contributions de 1816
à 717,020,661.

Le ministre des finances, à 727,000,000, non compris le
complément de l'emprunt de 100,000,000.

M. le chevalier Hennet, 752,080,000.

On voit que je me suis tenu bien au-dessous du terme moyen de toutes
ces évaluations.

N°. II.

BUDGET EXTRAORDINAIRE DE 1816.

Notes sur les dépenses extraordinaires de 1816.

1°.
2°.
3°.
4°. } Ces articles sont conformes au budget du ministre.
5°.
6°.

7°. Au chapitre des moyens, j'ai indiqué la liquidation de 410,510,000, opérée par les rentrées portées au budget ;

Et ensuite celle de 219,490,000, à opérer, dans le courant de 1816, par consolidation ou bons à termes ; ensemble, 630,000,000.

8°. On trouve *à l'article des prêts* le développement de ce système de secours et de crédit.

9°. Cet article n'est relatif qu'aux intérêts des bons hypothécaires.

10°. Ce n'est, en quelque sorte, que l'indication d'un fonds qui serait successivement fait à la caisse d'amortissement ou à toute autre.

DÉPENSES EXTRAORDINAIRES.

1°. Contribution de guerre............. 140,000,000 }
2°. Dépense d'entretien des troupes alliées. 130,000,000 } 270,800,000 }
3°. Paiement à la maison du comte de Bentheim et de Steinfurtz. .... 800,000 } } 280,800
4°. Remboursement aux départemens qui ont fourni 20,000,000 pour l'habillement et équipement , à-compte...................... 10,000,000 }

5°. Au département des affaires étrangères, pour S. A. R. le duc de Berry..................... 1,500

6°. Dégrèvement pour les départemens les plus chargés , faisant partie de l'arriéré de 1815................ 41,057

7°. Consolidation dont l'intérêt est déjà porté dans le budget annuel des rentes con- **RENTES.**
solidées , pour dettes antérieures au 1er. avril 1814............................. 2,000,000
Pour les sujets des puissances étrangères.. 7,000,000
Au profit de la maison de Bentheim...... 34,000
Pour Hambourg.......................... 325,000
____
9,359,000

Sur l'arriéré dont la consolidation a été portée au budget ordinaire, pour 15,500,000 15,500,000
____
24,859,000

Que je n'ai évalué en liquidation de l'arriéré que pour.................................. 410,510,000 }
En rentes , avec jouissance à compter du 1er. janv. 1817 , liquidées, *ou en bons à 5 ans*.............. 219,490,000 } 630,000
8°. Prêts en bons hypothécaires..................... 50,000,000 }
9°. Au trésor royal, pour 6 mois d'intérêt de ces bons....................................... 1,250,000 } 52,250
10°. A la caisse d'amortissement , pour l'extinction successive des bons à 5 ans.................. 1,000,000 }
____
1,005,607

Par ces moyens, 951,857,000 de la dette non-con-solidée seront payés ou consolidés.

MOYENS EXTRAORDINAIRES.

°. Solde du budget ordinaire......................	195,268,000	
°. Cautionnement...............................	50,633,000	
°. Recouvrement sur les biens vendus des communes...	22,992,000	296,843,000
°. Sur les bois vendus...........................	12,950,000	
°. Créances de l'État...........................	15,000,000	
°. Les dégrèvemens de 1815 doivent être portés en ette, étant déjà employés dans la dette à liquider......................		41,057,000
°. 24,859,000 de rentes portées déjà en dépense au budget linaire de 1816, évaluées en capital..................	410,510,000	
,975,000 , jouissance à compter du 1er. janvier 1817....	119,490,000	630,000,000
En bons à 5 ans , ou en bons hypothécaires.............	100,000,000	
8°. Création de 200,000,000 de bons à 5 ans , qui seront à la disposition du ministre......................	200,000,000	
9°. Création de bons hypothécaires , aussi à la disposition ministre.................................	200,000,000	
	400,000,000	300,000,000
Dont il faut déduire ceux de l'article 7...............	100,000,000	
10°. Rentrée des bons de prêt doublement hypothéqués.............		50,000,000
		1,317,900,000
DÉPENSE.......................		1,005,607,000
Excédant des moyens créés pour 1817.............		312,293,000

Notes sur les moyens extraordinaires de 1816.

1°. Cet article n'est que le solde du budget ordinaire.

2°. Les cautionnemens sont portés au taux fixé par la commission.

3°.
4°. } Ces deux articles sont conformes à l'évaluation de la commission.

5°. Je porte 15,000,000 de recette sur les créances diverses de l'État. Le ministre ni la commission n'en ont pas fait mention : mais un des anciens administrateurs de la Trésorerie m'a dit souvent que cette partie des droits du trésor était très-considérable. Je ne porte cette rentrée qu'à 25,000,000, dont 15,000,000 en 1816 et 10,000,000 en 1817.

6°. Je porte en débit et en crédit les 41,057,000 de dégrèvement pour les départemens ravagés, parce qu'ils sont portés déjà dans 130,000,000 de déficit de 1815, qui font partie de la dette totale que mon plan liquide entièrement.

7°. La liquidation qui doit être opérée par cet article, est détaillée au chapitre *des moyens*, page 18.

8°. La création de 200,000,000 de bons à 5 ans est conforme à l'ordonnance de S. M., du 23 mars, et au système de la commission des finances.

9°. La création des bons hypothécaires est expliquée au chapitre *des moyens*, page 20.

10°. Il en est de même de leur rentrée au trésor.

N°. III.

BUDGETS DE 1817.

Notes générales sur les Budgets de 1817.

Ces budgets n'offrent qu'un moyen de plus que celui de 1816 : un emprunt de 80,000,000 , qu'il sera très-facile de réaliser, et qui sera inutile en 1817, si la circulation des bons hypothécaires acquiert l'étendue et la rapidité qu'elle doit avoir.

Le service de 1817 , dans mon système , se ferait avec facilité. Dans le budget du ministre de 1816 , on voit un déficit de 83,000,000 pour 1817 : c'est l'article entier des recettes extraordinaires , et 10,000,000 pour la consolidation de la dette arriérée.

Dans le budget de la commission , on voit un déficit pour 1817 ,

1°. de 50,633,000 pour les cautionnemens ;

2°. de 43,942,000 pour les recouvremens à faire ;

3°. de 17,805,700 pour les 110e des patentes imposs. à recouvrer.

4°. de 10,000,000 sur la liste civile ;

5°. de 13,000,000 retenue sur les traitemens, qu'il sera impossible
de maintenir.

135,380,700

Indépendamment du déficit possible sur les rentrées , auquel je pourvois par l'emploi des bons hypothécaires.

7

DÉPENSES.

1°. ORDINAIRE.

1°. Comme en 1816...................................... 553,73₂
2°. Rentes nouvelles constituées en 1816............. 5,975,000 } 10,000
3°. Rentes à créer en 1817............................. 4,025,000 }
4°. Accroissement au fonds d'amortissement.......... 5,000

568,73₂

2°. EXTRAORDINAIRE.

1°. Contribution de guerre............................. 270,000,000 } 280,000
2°. Solde des 20,000,000 pour fourniture d'habillement... 10,000,000 }
3°. Consolidation sur l'arriéré......... 100,000,000 }
4°. Paiemens en bons sur l'arriéré....... 100,000,000 } 200,000,000 }
5°. Intérêts des bons à 5 ans, créés en 1816. 5,000,000 } }
6ᵈ. Idem des bons à 5 ans, en 1817....... 2,500,000 } 7,500,000 } 322,500
7°. Intérêts des bons hypothécaires, créés
  en 1816 et 1817............................. 15,000,000 } }
8°. Prêts en bons hypothécaires....... 100,000,000 } 115,000,000 }
9°. Intér. et frais d'un emp. de 80,000,000............. 5,000
10°. A la caisse d'amortissement, pour l'extinction successive des bons à 5 ans.............. 3,000

610,500

ÉTAT du paiement ou de la consolidation de l'arriéré
au 31 décembre 1817.

En 1816........... 951,857,000
En 1817........... 480,000,000

1,431,857,000

RECETTES ET MOYENS.

Comme en 1816.. 749,000,000
Accroissement de produit ou nouvelles contributions.............. 25,000,000

774,000,000

DÉPENSE ORDINAIRE.......................... 568,732,000

Excédant.............................. 205,268,000

Excédant du budget ordinaire de 1817..............	205,268,000	
Emprunt sur bons hypothécaires ou à terme........	80,000,000	295,268,000
Recouvrement extraordinaire.....................	10,000,000	
Excédant du budget de 1816.....................	312,293,000	
Consolidation de 100,000,000 en rentes............	100,000,000	
Création de bons à 5 ans.......................	100,000,000	
Dè bons hypothécaires..........................	100,000,000	716,293,000
Intérêts sur les prêts..........................	4,000,000	
Bons hypothécaires rentrés......................	100,000,000	

1,011,561,000

DÉPENSE.. 610,500,000

Excédant de 1817...,..................... 401,061,000

Notes sur la recette extraordinaire de 1817.

2°. Avec les valeurs mises à la disposition du trésor , cet emprunt sera très-facile à réaliser ; il pourra , selon les circonstances , s'effectuer de différentes manières ; si ce n'est pas en France , ce serait à Londres ou à Amsterdam, Il pourrait être combiné de manière à retirer une partie de la dette flottante. M. Silvestre , député de Lot-et-Garonne , m'a communiqué à cet égard un plan dont le système pourrait être très-avantageux , et j'ai regretté que les idées de la commission des finances n'aient pas permis de soumettre ce projet à la discussion de la chambre.

1818.

DÉPENSES.

1°. ORDINAIRE.

Dépenses, comme en 1817		568,732,000
Consolidation de 1818	5,000,000	
Amortissement, accroissement	5,000,000	10,000,000
		578,732,000

2°. EXTRAORDINAIRE.

1°. Contributions de guerre		270,000,000
2°. Consolidation sur l'arriéré	100,000,000	
3°. Liquidation de la dette en bons à 5 ans	100,000,000	200,000,000
4°. Prêts hypothécaires	100,000,000	
5°. Intérêts des prêts hypothécaires	20,000,000	120,000,000
6°. *Idem* de bons à 5 ans, créés en 1816 et 1817	15,000,000	
7°. Frais et intérêt de l'emprunt de 1816 et 1817	10,000,000	25,000,000
8°. A la caisse d'amortissement, pour extinction de bons à 5 ans		6,000,000
		611,000,000

Paiement ou consolidation de l'arriéré

de 1816 et 1817	1,431,857,000
1818	470,000,000
	1,901,857,000

RECETTES ET MOYENS.

1°. Comme en 1817		774,000,000
2°. Accroissement de recette		10,000,000
		784,000,000
Dépense		578,732,000
Excédant		205,268,000

1°. Excédant de recettes ordinaires	205,268,000	
2°. Emprunt de 80,000,000	80,000,000	285,268,000
3°. Excédant du budget de 1817, extraordinaire		401,061,000
4°. Consolidation de		100,000,000
5°. Bons à 5 ans		100,000,000
6°. Rentrée des bons hypothécaires		100,000,000
7°. Intérêts		12,000,000
		998,329,000
Dépense		621,000,000
		377,329,000

1819.

1°. ORDINAIRE.

Dépense, avec accroissement de 10,000,000 sur celui de 1818	588,732,000

2°. EXTRAORDINAIRE.

1°. Contribution de guerre		140,000,000
2°. Consolidation sur l'arriéré	100,000,000	
3°. Liquidation en bons à 5 ans	100,000,000	200,000,000
4°. Prêts hypothécaires et intérêts de bons annuels		120,000,000
5°. Intérêt de bons à 5 ans, créés de 1816 à 1819	20,000,000	
6°. Intérêt des emprunts de 1817 et 1818	10,000,000	30,000,000
7°. En extinction de bons à 5 ans		12,000,000
		502,000,000

Consolidation et extinction de l'arriéré

de 1818	1,901,857,000
En 1819	340,000,000
	2,241,857,000

Rentrées comme en 1818, sans accroissement	784,000,000
Dépense	588,732,000
	195,268,000

1°. Excédant du budget ordinaire	195,268,000
2°. Excédant du budget extraordinaire	377,329,000
3°. Consolidation	100,000,000
4°. Intérêt et rentrée des prêts	116,000,000
5°. Réduction sur les liquidations de l'arriéré, plus de 100,000,000 à espérer, que je ne porte que pour	50,000,000
Extinction de rentes viagères de 1816 au 1er. janvier 1820, au moins en capital	25,000,000
	863,597,000
Dépense	502,000,000
	361,597,000

DÉPENSES.

1°. ORDINAIRE.

Dépense comme en 1819, avec accroissement de 10,000,000, pour la dette et l'accroissement.. 598,732,000

2°. EXTRAORDINAIRE.

1°. Dernier terme de la contribution de guerre...................... 140,000,000
2°. Consolidation sur l'arriéré...................................... 100,000,000
3°. Prêt hypothécaire et intérêt des bons........................... 120,000,000
4°. Intérêt des bons à 5 ans.. 20,000,000
5°. Intérêts des emprunts de 80,000,000 de 1817 et 1818............ 10,000,000
6°. En extinction des bons à 5 ans................................. 20,000,000

410,000,000

Extinction de la dette 1819.... 2,241,857,000
240,000,000

2,481,857,000
La dette était de............. 2,373,595,951
Excédant..................... 108,261,049 } qui auront servi à l'extinction de 100,000,00 de bons à 5 ans, ou de partie de l'emprun de 80,000,000.

1°. ORDINAIRE.

Comme en 1820, avec accroissement d'amortissement et d'intérêt de dette. 608,732,00

2°. EXTRAORDINAIRE.

1°. En extinction d'emprunt ou de bons.............. 100,000,000 } 200,000,00
2°. *Idem* par consolidation........................ 100,000,000 }
3°. Intérêt de bons et d'emprunt réduit à........................... 20,000,00
4°. Prêt en bons hypothécaires..................................... 120,000,00

340,000,00

La nouvelle dette créée en bons à 5 ans et les deux emprunts de 1817
et de 1818, ensemble.. 560,000,00
Dont on aurait éteint en 1817, 1818, 1819, 1820, 1821............... 341,000,00

SOLDE à éteindre de la nouvelle dette........... 219,000,00

On voit que cette somme serait plus que balancée par l'excédant des valeurs existantes, qu'ainsi, à cette époque, la dette consolidée deviendrait toujours décroissante.

RECETTES ET MOYENS.

Comme en 1819.. 784,000,000
                       DÉPENSE............................ 598,732,000
                    Excédant............................ 185,268,000

1°. Excédant du budget ordinaire de 1820........................ 185,268,000
2°. *Idem* du budget extraordinaire de 1819..................... 361,597,000
3°. Rentrée des bons hypothécaires et intérêt................... 116,000,000
4°. Consolidation sur la dette arriérée et nouvelle non-consolidée 100,000,000
                                  762,865,000
                      DÉPENSE............................ 410,000,000
                                    352,865,000

        50,000,000 de moins sur les contributions diverses......... 734,000,000
                    DÉPENSE............................ 608,732,000
                      Excédant............................ 125,268,000

1°. Excédant du budget ordinaire de 1821........................ 125,268,000
2°. Excédant du budget extraordinaire de 1820................... 352,865,000
3°. Consolidation.. 100,000,000
4°. Rentrée des bons hypothécaires et des intérêts.............. 116,000,000
                                  694,133,000
                      DÉPENSE............................ 340,000,000
                                    354,133,000

TABLEAU DES FINANCES DE FRANCE
DE 1816 A 1821,

Dressé dans le Système proposé d'après les Budgets de chaque année.

RECETTES ET MOYENS.	1816.	1817.	1818.	1819.	1820.	1821.	OBSERVATIONS.
Recettes ordinaires	749,000,000	774,000,000	784,000,000	784,000,000	784,000,000	734,000,000	Total, 4,609,000,000. Terme commun, 768,156,886.
Moyens et recettes extraordinaires	1,122,632,000	806,293,000	793,061,000	668,339,000	577,597,000	568,865,000	
Totalité des moyens	1,871,632,000	1,580,293,000	1,577,061,000	1,452,339,000	1,361,597,000	1,302,865,000	*Nota.* Les détails généraux de recettes et de dépenses sont portés au budget de chaque année.
DÉPENSES.							
Ordinaires	553,732,000	568,732,000	578,732,000	588,732,000	598,732,000	608,732,000	Total, 3,497,392,000. Terme commun, 581,898,666.
Extraordinaires	1,005,607,000	610,500,000	621,000,000	502,000,000	410,000,000	340,000,000	
	1,559,339,000	1,179,232,000	1,199,732,000	1,090,732,000	1,008,732,000	948,732,000	Total, 6,976,499,000.
Excédant annuel des moyens au 31 décembre	312,293,000	401,061,000	377,329,000	361,597,000	352,865,000	354,133,000	Cet excédant de valeur au trésor assure toujours la facilité du service.
Dette consolidée au 1er janvier	125,500,000	135,500,000	140,500,000	145,500,000	150,500,000	155,500,000 *	Accroissement, 30,000,000.
Fonds accroissans d'amortissement	20,000,000	45,000,000	75,000,000	110,000,000	150,000,000	195,000,000	Au 31 décembre 1821, plus de la moitié de l'accroissement de la dette de l'Etat, constituée, serait déjà rachetée; elle le serait entièrement en 1824.
Accroissement des intérêts à 6 ¼ p. %	1,250,000	2,890,625	4,946,289	7,442,932	10,408,115	13,871,123	
Total au 31 décembre	21,250,000	47,890,625	79,946,289	117,442,932	160,408,115	208,871,123	
Bons du trésor à 5 ans	200,000,000	100,000,000	100,000,000	»	»	»	
Extinctions	1,000,000	3,000,000	6,000,000	12,000,000	20,000,000	100,000,000	142,000,000. Il ne restera plus à acquitter que 258,000,000 de ces bons.
Emprunts	»	80,000,000	80,000,000	»	»	»	
Remboursemens	»	»	»	»	»	100,000,000	Il ne restera que 60,000,000 des emprunts à rembourser.
Dette flottante antérieure au 1er janvier 1816	2,373,595,951	1,421,738,951	941,738,951	471,738,951	131,738,951		
Extinction ou liquidation	951,857,000	480,000,000	470,000,000	340,000,000	131,738,951	éteinte.	
Bons hypothécaires, 400,000,000	200,000,000	100,000,000	»	»	»	»	
Prêts par bons hypothécaires	50,000,000	100,000,000	100,000,000	150,000,000	150,000,000	150,000,000	Les bons hypothécaires ne sont payés qu'en rentrant au trésor. Ils rentrent avec une nouvelle hypothèque, s'ils ont été donnés pour prêts, et ils peuvent être employés dans tous les paiemens du trésor. Ce moyen assure la circulation la plus rapide des capitaux. C'est la base essentielle du système que je propose; il n'exige pas la vente des domaines. Ces bons seront successivement acquittés par les propriétaires auxquels ils auront été prêtés.—Quoique j'en aie porté la création à 400,000,000, je n'ai calculé le service que sur 300,000,000.
Rentrée de ces bons au trésor, doublement hypothéqués	50,000,000	100,000,000	100,000,000	150,000,000	150,000,000	150,000,000	

Résultats importans de ce Système.

1°. La dette flottante, quoique je l'aie calculée à une somme plus forte que le ministre et la commission des finances, serait éteinte en 1820. J'ai compris dans la dette flottante tous es engagemens à termes envers les puissances étrangères.

2°. La dette consolidée serait accrue de 30,000,000 au-delà de la fixation de la commission des finances pour 1816; mais les fonds d'amortissement seraient plus que décuplés par mon système dans six ans, et plus de 95,000,000 de rentes consolidées pourraient être éteintes en 1832.

3°. En 1821, les contributions pourraient être réduites de 15,000,000 sur la fixation de 1816, et cette réduction pourrait ensuite être portée aux limites jugées nécessaires.

4°. Près de 7,000,000,000 de valeurs seraient mis en circulation, dans l'espace de six ans, par le trésor royal seul.

5°. Environ 800,000,000 seraient prêtés par le trésor, et lui seraient dûs à mesure des remboursemens des bons hypothécaires.

6°. Les 300,000,000 de bons hypothécaires, toujours rentrans et toujours remis en circulation, avec accroissement de sûreté, auraient plus d'action que 1,500,000,000 de numéraire. *Le crédit serait fondé.*

Nota. On observera que dans mon système je n'emploie ni les 10,000,000 de retenue sur la liste civile : il faut les laisser à la disposition de la bienfaisance de S. M.; ni les 13,000,000 de retenue sur les traitemens, retenue que je crois injuste et impolitique.

* M. le chevalier Hennet élève la rente consolidée à 160,000,000.

N°. VII.

TABLEAU D'AMORTISSEMENT de la Dette consolidée de 1816 à 1832, calculé sur un fonds annuel de 20,000,000, avec accroissement de 5,000,000 ; le rachat supposé à 80 fr. pour 100.

ANNÉES.	FONDS de rachat en capitaux versés.	DIVIDENDES de chaque année ; produits ajoutés aux capitaux.	CAPITAUX réunis de rachat pour chaque année.	RENTES rachetées chaque année.	TOTAUX des rachats de rentes depuis 1816.	OBSERVATIONS.
	fr.	fr.	fr.	fr.	fr.	
16	20,000,000	» » » »	20,000,000	1,250,000	1,250,000	
17	25,000,000	1,250,000	26,250,000	1,640,625	2,890,625	
18	30,000,000	2,890,625	32,890,625	2,055,664	4,946,289	
19	35,000,000	4,946,289	39,946,289	2,496,643	7,442,932	
20	40,000,000	7,442,932	47,442,932	2,965,183	10,408,115	
21	45,000,000	10,408,115	55,408,115	3,463,007	13,871,123	
22	50,000,000	13,871,123	63,871,123	3,991,945	17,863,068	
23	55,000,000	17,863,068	72,863,068	4,553,942	22,417,010	
24	60,000,000	22,417,010	82,417,010	5,151,063	* 27,568,073	* A cette époque, les nouvelles rentes créées seraient rachetées.
25	65,000,000	27,568,073	92,568,073	5,785,504	33,353,577	
26	70,000,000	33,353,577	103,353,577	6,459,599	39,813,176	
27	75,000,000	39,813,176	114,813,176	7,175,825	46,989,001	
28	80,000,000	46,989,001	126,989,001	7,936,812	54,925,813	
29	85,000,000	54,925,813	139,925,813	8,745,363	63,671,176	
30	90,000,000	63,671,176	153,671,176	9,604,448	73,275,624	
31	95,000,000	73,275,624	168,275,624	10,517,226	83,792,850	
32	100,000,000	83,792,850	183,792,850	11,487,053	95,279,903	
	1,020,000,000	504,478,452	1,524,478,452	95,279,902		
			Pour fractions. . . .	1		
	1,524,478,452			95,279,903		

OBSERVATIONS. —

J'ai calculé, comme le ministre des finances, le rachat par année. En le calculant par semestre, l'accroissement serait plus rapide.

On voit qu'en 1821, au taux de 80 fr., le rachat s'élèverait à 13,871,123 ; et avec les extinctions des rentes viagères, on aurait 15,000,000 au moins de rentes amorties ; et avant 1825, les 30,000,000, dont je propose d'accroître la dette consolidée, seraient entièrement rachetés.

C'est avec la puissance d'un pareil moyen d'amortissement et un papier de circulation spécialement hypothéqué, soutenu par tous les moyens qui peuvent en faciliter l'emploi dans toutes les parties de l'Etat, qu'on peut établir un crédit inébranlable, assurer notre indépendance, ranimer toutes les sources de notre prospérité, et préparer toutes les réformes qu'exigent nos dépenses d'administration et de service public, ainsi que le système incomplet et mal calculé de nos contributions et de notre revenu public.

N°. VIII.

TABLEAU COMPARATIF des Budgets définitivement adoptés par la Chambre des Députés, dans sa séance du 17 avril, avec les Budgets du systéme que je propose pour 1816.

La chambre n'a pas fait entrer dans son budget extraordinaire les dépenses et les moyens de la liquidation de l'arriéré en 1816 : j'ai compris ces dépenses et ces moyens dans ce budget et dans ceux des années suivantes, jusqu'en 1821. C'est là l'objet principal de la différence de nos calculs.

J'ai porté les dépenses ordinaires de 1816 à......................	553,732,000
Les dépenses extraordinaires à...................................	1,005,607,000
Ensemble....................	1,559,339,000
Mais dans ces dépenses sont compris............................	682,500,000

qui n'ont pour objet que la liquidation de l'arriéré.

Reste dans le système sur lequel la chambre a établi ses budgets.......	876,839,000
La chambre porte les dépenses ordinaires à...........	548,252,520
Les dépenses extraordinaires....................	290,800,000
	839,052,520

J'ai porté en dépense pour le dégrèvement des départemens ravagés............... 41,057,000 ⎱
La chambre ne porte que... 10,000,000 ⎰ différence.. 31,057,000

	870,109,520
J'ai porté..	876,839,000
Différence..............	6,729,480

Il est facile, en comparant les budgets de la chambre des députés et ceux que j'ai dressés, de voir d'où proviennent toutes les autres différences.

Quant aux recettes, j'ai porté le budget ordinaire à tout ce qui peut être perçu, jusqu'à ce que nos engagemens soient remplis, et les liquidations de la dette flottante et son amortissement successif assurés.

Cette recette s'élève, dans mon système, à........................	749,000,000
Au budget extraordinaire......................................	1,121,732,000
	1,870,732,000
Il faut en ôter les moyens de liquidation de l'arriéré relatif à mon plan..	1,021,059,000
Reste.........................	849,673,000

La chambre des députés porte les recettes ordinaires à... 570,454,940
Les recettes extraordinaires à........................ 269,140,721

                              839,595,661
Je les ai portés à................................ 849,673,000

           Différence................. 10,077,339

Mon système, en se conformant aux budgets adoptés par la chambre, est également
exécutable ; car en ajoutant nos dépenses de liquidation de l'arriéré, qui
s'élèvent à.. 682,500,000
Aux dépenses ordinaires et extraordinaires réglées par la chambre...... 839,052,520

           Ensemble.................. 1,521,552,520
Et pour la recette ordinaire........................ 839,595,661
Qui , ajoutés à........................... 1,021,059,000
Donnent... 1,860,654,661

On aurait un excédant de moyens de........................... 339,102,141

L'excédant total de mes deux budgets n'est que de 312,293,000 ; ainsi, l'exécution de mon plan devient plus facile encore par la loi de finances adoptée par la chambre des députés.

La consolidation et l'emploi des bons à 5 ans, pour la liquidation de l'arriéré, entrent dans le système de la chambre ; mais elle ne les fait pas figurer dans son budget de 1816. J'ai cru, au contraire, devoir les employer. La liquidation de l'arriéré est, par sa nature même, une dépense extraordinaire ; et on ne peut établir un état exact de nos finances, qu'en réunissant toutes les parties de dépenses et de recettes.

La seule différence est la création des bons hypothécaires que je propose, et qui, en 1816, peut être réduite à 200,000,000, sans rien changer à mon système et à ses résultats.

Une loi autorisant le ministre des finances à hypothéquer sur les ordonnances du Roi jusqu'à concurrence de 200,000,000 de biens du domaine en 1816, suffirait pour l'exécution de mon système, et pour laisser toujours à la disposition de Sa Majesté des moyens suffisans pour toutes les négociations politiques qui pourraient être conclues avec les puissances alliées.

Tel a été mon objet ; et la résolution prise par la chambre pour la constitution de 6,000,000 de nouvelles rentes, dans sa séance du 17 avril, en prouve l'extrême importance.

Le développement entier de mon plan démontre que cette hypothèque temporaire ne nécessiterait jamais la vente des biens affectés.

Sans ce moyen, *les déficits s'accumuleront, et le crédit restera paralysé.*

Paris, 19 *avril* 1816.

Nº. IX.   NOTES ADDITIONNELLES.

(1) PARALLÈLE *des deux Systêmes d'amortissement, calculés au cours commun de 70 pour 100.*

ANNÉES.	1º. Systême proposé dans l'opinion d'un Membre de la Commission du Budget.		2º. Systême tel que je l'ai présenté, en le calculant au cours de 70 f.	
	FONDS d'amortissement.	RENTES rachetées.	FONDS.	RACHATS.
1816	. . . .	. . . .	20,000,000	1,428,571
1817	33,144,000	3,967,000	26,428,571	3,316,326
1818	43,967,000	7,107,000	33,316,326	5,696,063
1819	57,105,000	11,186,000	40,696,063	8,602,925
1820	71,186,000	16,270,000	48,602,925	12,074,562
1821	76,270,000	21,718,000	57,074,562	16,151,316
1822	81,718,000	27,555,000	66,151,316	20,876,410
1823	87,555,000	33,809,000	75,876,094	26,296,131
1824	93,809,000	40,515,000	86,296,131	32,460,140
1825	100,516,000	47,695,000	97,460,140	39,421,578
1826	107,695,000	53,387,000	109,421,578	47,237,405
1827	115,387,000	63,629,000	122,237,405	55,968,648
1828	123,629,000	72,459,000	135,968,648	65,680,694
1829	132,459,000	81,920,000	150,680,694	76,443,601
1830	141,920,000	92,057,000	166,443,601	88,332,429
1831	152,057,000	102,910,000	183,332,429	101,427,602
1832	. . . .	. . . .	201,427,602	115,815,291
	1,418,417,000		1,621,414,085	

OBSERVATIONS.

De 1817 à 1831, le premier systême exige un versement direct du trésor de . . . . 840,000,000.

Mon système . . . 900,000,000; mais les versemens qu'il exige sont beaucoup moins rapides.

Dans les quatre premières années de 1817 à 1820, le premier systême exige . . . . 180,000,000 de versemens effectifs. Le mien n'en exige que . . . . 130,000,000.

Différence . . . . . 50,000,000 sur ces quatre années, pour lesquelles il est si important de réduire la dépense.

De 1817 à 1825, le premier système exige 480,000,000 de versemens directs. Mon systeme n'en exige que . . . . 405,000,000.

Différence . . . . 75,000,000.

Ce n'est qu'en 1829 qu'il y aurait à peu près égalité. Le trésor aurait eu à verser dans le premier système 720,000,000, et dans le second 715,000,000. Mes rachats, plus lents d'abord, deviennent ensuite plus accélérés, et les moyens graduels que j'ai présentés, développent alors toute leur puissance.

On voit enfin qu'en ôtant du calcul de mon système, sur la colonne des fonds, les années 1816 et 1832, qui n'entrent pas dans l'autre système, je n'aurai employé, en fonds du trésor ou de la caisse d'amortissement, que 1,300,986,483, ou environ 1,400,000,000; et que j'aurai obtenu les mêmes résultats pour les rachats, et plus d'accélération pour les années suivantes.

(2) J'invite les membres des deux chambres et toutes les personnes qui s'occuperont de ces importantes questions, de lire l'ouvrage d'un des plus profonds publicistes de nos jours, le docteur *Francis Plowden*, Irlandais, qui a défendu avec énergie les droits des catholiques romains. Cet ouvrage, intitulé : *Church and state, etc.* ; imprimé à Londres en 1795, traite à fond toutes les questions relatives aux droits et aux propriétés ecclésiastiques. La Bibliothèque du Roi en possède un exemplaire. -

(3) Un des hommes qui ont porté le plus loin en Europe l'application savante du calcul aux questions les plus importantes de l'économie politique, est M. *Duvillard*. Personne ne peut donner des directions plus certaines sur les principes d'après lesquels les caisses de réserve et d'accumulation, doivent être établies, et prouver combien elles peuvent étendre progressivement les moyens des fondations de charité, de bienfaisance, d'éducation. C'est ce système que suivent en Angleterre presque tous les administrateurs de ces établissemens et des corporations, dont ils accroissent ainsi les moyens et l'heureuse influence.

(4) Les impôts sur les productions intérieures doivent être calculés avec la plus grande prudence ; il ne faut pas qu'ils ferment les sources de la richesse publique. Les plaintes qui s'élèvent en Angleterre contre la mauvaise assiette du droit d'excise en prouvent le danger. *The excise laws present an insuperable bar to the profitable application of our own natural riches.* Voilà ce que je lis à l'instant relativement aux mines de sel d'Angleterre, dont l'exploitation est arrêtée par ce vice d'administration. Le docteur Johnson définissait déjà, il y a plus de 50 ans, dans son excellent dictionnaire (EXCISE), *a hateful tax on commodities, not adjuged by the common judges of property.*

L'excès et le mauvais système de plusieurs impôts, les vexations qu'entraîne leur perception, répandent l'inquiétude, indisposent, accablent les classes malaisées, accroissent l'indigence, provoquent la fraude, avilissent le commerce ou le détournent, consomment le temps et paralysent le travail. Cette influence désastreuse appelle l'attention et les efforts réunis de tous les hommes éclairés qui s'occupent des vrais intérêts de la patrie.

(5) L'expédition brillante de lord *Exmouth* contre Alger a ce beau caractère : tel est aussi le but de l'association *anti - pirate*, que dirige l'amiral *Sidney Smith* avec la chaleur brûlante et le caractère chevaleresque qui l'animent pour tout ce qui intéresse l'humanité. Leurs noms me sont chers et respectables à plus d'un titre ; la reconnaissance les a consacrés pour moi.

(6) Le danger de nos divisions intérieures cessera, dès que les alarmes des familles sur le sort de leurs propriétés seront dissipées. C'est en attaquant la propriété qu'on ébranle tout l'édifice social : la propriété est sacrée dès qu'elle est acquise de bonne foi sous le régime des lois existantes. Les malheurs de la révolution, les pertes qu'elle a causées, ne peuvent justifier de nouvelles atteintes à la propriété des familles. Le passé n'est plus à nous ; mais nous devons, s'il le faut, ajouter à nos sacrifices, pour rétablir l'ordre et la paix. Ce sont ces alarmes sur les propriétés que les factieux de toutes les couleurs animent par des déclamations perfides et des libelles scandaleux ; c'est sur ces alarmes qu'ils fondent encore et leurs efforts et leurs criminelles espérances. Lorsque tous les fonctionnaires publics, guidés par la haute sagesse du Souverain, leur opposeront la CONSTITUTION que S. M. nous a donnée, l'action ferme du Gouvernement fera seule cesser ces alarmes ; et tous les ennemis de la patrie seront dévoilés, flétris, et dans l'impuissance de troubler le repos de l'État.

TABLE DES MATIÈRES.

ÉTATS.